奧運金牌選手的「心靈肌肉」鍛鍊法

MIND TRAINING

마음 단련

不安感讓人無所適從，
壓力讓你瀕臨崩潰……
如何保持卓越？

運動精神醫學專科醫師
韓德賢
3屆奧運奪牌短道競速滑冰選手
金雅朗
著
莊曼淳
譯

目錄

第二章 ✷負面情緒爆表，仍能獲取佳績的祕訣✷

第三章 ✷為了更好的明天，頂尖選手會做的準備✷

附錄 ✷給個人與組織的幾項建議✷

前言

人的一生，就是在容易摔倒的世界滑冰

韓德賢

「老師，我的心理似乎很脆弱。」

「我不安到快死了。」

「就算遇到一件小事也常常會崩潰。難道是我不夠有毅力嗎？」

很多來到診療室的人常對我這麼說。接著他們會問我，如果想讓精神變得堅強應該怎麼做。

在激烈的競爭中，每天彷彿走在鋼索上惴惴不安的上班族、哭喊著不知道自己能夠堅持到什麼時候的自由工作者、投出數十封求職履歷而毫無食慾、沮喪不已的青年，以及成日沉迷於電腦遊戲，最後需要接受心理治療的青少年等。因為無法言喻的憂鬱症或恐慌症，持續承受著痛苦的人逐漸增加。

我們常常用「精神脆弱」或「精神堅強」來形容人。另外，大部分的人都會說「自己的精神好像很脆弱」、「希望自己的精神很堅強」。這麼說來，這個世界上有精神特別堅強的人嗎？難道精神脆弱的人就沒有辦法堅強起來嗎？

從精神分析學來說，「精神很堅強」這句話指的其實就是「自我認同感很強」。也可以用「自尊心很強」來說明。通常，我們可以在運動選手之中，找到所謂擁有「鋼鐵精神」的人。那麼，我們是不是可以從運動選手身上學到培養鋼鐵精神的祕訣？

按照成績排名受世人評價的運動選手，和生活在激烈競爭社會中的現代人非常相似。一旦過去的努力和熱情全部白費，或是沒有得到理想的結果時，他們同樣會感到非常痛苦和傷心。

我們的生活也是如此，日常難免會遇到各式各樣的事件。有時候雖然費盡全力，事情依舊不順利。事情不如意本來就夠讓人傷心了，耳邊卻又傳來懷疑和指責自己不夠努力的聲音。

體育賽事常被稱為「無劇本電視劇」，因為其中融入了人類的喜、怒、哀、樂。我們看見運動選手超越自己的極限，完成一次美麗挑戰，為我們帶來人類驚人勝利的感動與宣泄。運動競賽是身體努力的結果，但是從精神的層面來看，也可以理解成日常生活的彩排或壓縮版本。從這個角度來說，運動競賽是最適合說明人類精神的領域。

在二〇一三年春天，我接到大韓民國冰上競技聯盟的邀約，任職於冰上科學訓練委員會，負責協助包括短道競速滑冰國家代表隊的科學訓練，其中也包括心理層面。不僅是選手們的體能訓練，還進行了心理評估和訓練，因此我經常與選手們見面並進行面談。負責這個職務幾個月後，有人會問我像是「誰的精神狀態最好？」、「誰的意志力最強？」等問題。雖然我不曾直接回答，但是我的心中其實裝著一、兩個人的名字——其中一位就是金雅朗選手。

我的第一本書《心中住著怪物》出版後，我個人有若干遺憾之處。我心想，如果有一天能發表續作，希望能包括實際範例。我認為若有一位長期接觸運動精神醫學、最後成為優秀選手的人，並以他的過程作為書中的案例，那就再好不過了。此時，我小心翼翼地向我心中最適合的人選——金雅朗選手提議攜手寫書。我堅信，比起我一個人的紀錄，金選手在與我共事十年間的親身體驗和感受，對讀者而言更有幫助。

雖然我對金雅朗的體能資料掌握不多，不過從運動精神醫學的角度來看，僅透過幾次面談，就可以預測她今後也會持續從事滑冰這項運動，不管她是為了自己或別人而做這件事，都將成為一位優秀的選手。

能夠長期從事運動的選手，身上都有明確的目標，而且為了實現該目標，他們會設定許多支撐主要目標的小目標。因此，對他們來說，「三分鐘熱度」或「缺乏毅力」都是發生在別人身上的故事。在與我的談話中，金雅朗選手的回答雖然簡短，卻毫不猶豫地提到了這些分隔開來的目標。這些明確的目標可以讓自己更上一層樓，不會被一時的不安和壓力動搖。因此，這樣的選手雖然還是可能倒下，但很快就會重新站起來。

金雅朗選手經常說：「我是隨時都有摔倒危險的滑冰選手。」但是，她只會專注於滑冰，而不去考慮會不會摔倒。因為只要一想到自己會摔倒，滑冰選手就會無法專心比賽。她不是為了不摔倒才練習滑冰，因為真正優秀的滑冰動作中，根本不包含「跌倒」這個前提。

也許，人生就是在容易摔倒的世界裡滑冰。只是摔倒一次而已，你是不是就在心裡告訴自己：「我是個不會滑冰的人。」並且放棄人生這場比賽呢？人生好或壞，和會不會跌倒沒關係，我們更不能因為摔倒過一、兩次就放棄比賽。

這本書是為了飽受不安和緊張折磨的人，尤其是因此無法發揮自己的實力或中途放棄的人所寫。不是小心翼翼慢慢滑冰就不會摔倒，而是速度如果比別人慢，為了培養推冰的力量，就該增加腿部肌肉；如果很快就覺得疲累，就必須長時間練習跑步，增加耐力。自己可以練習多少就練習多少，並且以想要實現的目標作為目標，享受滑冰的樂趣。

這本書中，處處都藏著我和金雅朗選手一起分享的故事與想法。在超過十年的時間裡，作為選手和心理主治醫生，我們分享的經驗和訣竅主要將透過我的嘴巴傳達。此外，這本書有部分內容與《心中住著怪物》一書有重疊之處。

書中將提及許多運動選手的故事，無論是挫折或成功，都與我們的生活非常相似。透過他們的故事，讓我們一起來了解不被焦慮左右、最後達成目標的祕訣吧！

前言

戰勝不安與緊張，獲得強韌精神的方法

金雅朗

二〇一三年四月，當時十九歲的我第一次成為國家代表隊的隊員，並取得參加二〇一四年索契冬奧（按：於俄羅斯舉辦）的資格。你問我實現了夢寐以求的目標，心情怎麼樣？我覺得幸福和喜悅只是暫時的。雖然期待所有人都能送上恭喜的掌聲，不過我至今依舊忘不了那些眼神和聲音。

「金雅朗？」「她是誰？」「全州第一高中在哪裡？」「沒有經驗的新人可以參加奧運會嗎？」

這樣反而很好！因為別人不對我抱任何期待，我也不設立任何框架，覺得從當下開始打造即可。我認為，不應該因為人們的指指點點而變得冷漠刻薄，而應該努力成為大家都認可的國家代表。

有別於雄心壯志，我要走的路還很長。所謂的國家代表隊選手村，顧名思義就是不變得強大就無法生存下去的地方。

我每天的時間表如下：

週一～週六（二十四小時制）

〇四：五〇～〇五：一〇　起床並前往運動場

〇五：一〇～〇六：〇〇　暖身

〇六：〇〇～〇八：〇〇　晨間滑冰訓練及早餐

一〇：〇〇～一二：〇〇　上午訓練（跑步及腹肌核心）及簡單的午餐

一三：二〇～一四：〇〇　暖身

一四：〇〇～一六：三〇　下午滑冰訓練

一六：三〇～一八：三〇　下午陸上訓練（體力訓練／間歇或重量訓練）及晚餐

二〇：〇〇～二一：〇〇　夜間訓練（加強訓練及上半身運動）
二一：〇〇～二二：〇〇　洗澡並撰寫訓練日誌後就寢

一切對我來說都是第一次，讓我覺得既陌生又茫然。訓練非常辛苦且孤獨，導致我的體重每天都會減少二至三公斤。身處環境日益艱辛，聯盟為了提高選手的競技能力，邀請了韓德賢教授。這是我和韓教授第一次見面。

當時，教授為了掌握選手的特性或性向而與我們面談，並提出了有助於提高競賽能力的各項建議。

我已經不記得第一次和教授進行個人面談時自己說了什麼，只記得這是一次平凡的對話，沒有什麼特別之處。神奇的是，在這之後的第二次個人面談中，我講了許多關於自己的事。在身邊都是競爭者的環境下，我沒有可以敞開心扉的地方，正好因為教授是陌生人，我才可以坦率地說出來。

當時我立下了「成為人人認可的國家代表選手」的目標，努力支撐著自己；但在艱辛的訓練過程中，也因為發現沒有人對我抱有期待，而讓自信心大幅下滑。教授在我每次開口說話時，都會引導我去思考：**為什麼會有那樣的感受？是什麼樣的事件讓我陷入那樣的想法？**藉著對話，教授讓我自己找出解決方案。多虧了他，我似乎不是依靠別人，而是靠自己獲得了成長與發展。

我從小學一年級開始滑冰，至今已度過了二十二年的選手生活。自從二〇一三年首次獲選為國家代表隊選手，我的選手生涯中有一半時間都是以國家代表隊選手的身分度過。幸運的是，在成為國家代表選手的第一年，我遇到了韓德賢教授，因此在精神上得到了許多幫助。

沒有人從一開始就擁有堅強的精神。每當遇到困難，我就會與韓教授面談。我反覆告訴自己這只是成長和成熟的過程，最終順利戰勝並堅持下來後，我似乎也稍微變得堅強了一點。所有問題都比想像中簡單，只要學會第一個解決方法，之後的其他問題也能迎刃而解。

雖然我的經驗不是唯一的正解，但還是希望可以對想要擁有堅韌精神的人有所幫助。就像我透過和韓德賢教授的對談找到答案一樣，希望大家也能夠在閱讀這本書的過程中尋得解答。

第一章

人們動搖而倒下的原因

1 纏人又討厭的「負面情結」

負面情結形成的過程

有時候，我會覺得只有我一個人處於不幸的環境中。雖然自認已經很努力生活了，卻因為沒有像樣的成果，而對現實感到失望、氣憤。

然而，當我平復激動的心情後再度回想，就會覺得自己活得沒有別人那麼拚命。我覺得這一切都是因為自己沒出息。這應該是任何人都萌生過的想法，而這些念頭其實都是源自那纏人又討厭的情結（complex）。

情結是指居於潛意識中，會影響我們的行動或知覺的情感觀念。尤其與自卑感有很大關係，也和喜、怒、哀、樂等情感有關。

投手A每天都會更換好幾種投球姿勢。這名球員在高中畢業、成為職業球員後的第一個賽季，就被當成球隊的王牌。他擁有速度快且準確的控球能力、帥氣的外貌、良好的風度等身為職業選手的加分條件。然而，從第二、三年開始，因為覺得自己的球速太慢，他便慢慢改變自己的投球姿勢。不是一季換幾次姿勢，而是一週內就換好幾次，後來甚至在一場比賽中，就多次改變姿勢。但是，越是改變姿勢，他投出的球速就越慢。最後，他的控球能力開始出現問題。

A選手之所以認為自己的球速太慢，是因為從第二年開始，出現許多優秀的後輩，而他們的能力超越了在第一年如彗星般登場的自己。這些後輩不僅投出的球速度夠快、力道更猛，其他球隊裡也出現越來越多優秀打者，可以擊出自己的投球。

為了不讓自己因為第一年取得的好成績而驕傲自滿，A選手不斷用負面的方式鞭策自己，並對自己說「你還有很多不足之處」、「有很多投手可以投出比你快、比你強的球」、「你必須更加努力」。後來他在正規賽季的某場比賽中，投球連續被對方打者擊出。經歷這樣的事之後，他覺得自己實在不夠好，必須繼續努力，而且他認為當下的自己還不足以戰勝眼前的困難，並開始否定當時的自己。他的內心形成了負面的情結。為了克服這種情結，他開始不斷「自我不認同」。所以，現在的他才會不認同自己的投球姿勢，進而不斷改變姿勢。

心理學博士伍爾本（Hal Urban）在其著作《正面的語言，有力的結果》（*Positive Words, Powerful Results*）中提到：「語言不僅能夠塑造情感，還可以創造行動。而且，這種行動會帶來人生的結果。」[1]我完全同意伍爾本博士的意見。因此，他建議前來與他面談的人，就算是自言自語，也不要說出貶低自己的話，因為他常見到說出那種話後，隨即一語成讖的案例。

陷入自我貶低的人

某天，一位綽號叫做「亞軍專家」的高爾夫選手來找我諮詢。成為職業高爾夫選手已經四年的她，雖然被視為一位實力和人品兼具的選手，每次卻都距離冠軍寶座只差一步。因為在最後一輪的比賽中，她總是會犯下荒唐的失誤，最後被擠到第二或第三名。

她來找我的那天，又是一個錯失冠軍的日子。首日與外國選手並列領先地位的她，卻在第二天因為惡劣天氣退居第四。雖然最後一天成功減少一桿，但是僅此而已。最終再度屈居亞軍的她，實在是氣憤不已。

出現所謂「二把手魔咒」的原因是，在關鍵時刻，執行能力卻反而下降。如果這種失敗反覆發生，每次比賽都會陷入可能犯下失誤的不安之中，注意力也會更難集中。

成為職業選手後，她共參加了八十場比賽。雖然有三十幾次進入前十名的紀錄，卻總是與冠軍無緣。因為每次比賽時，發球、鐵桿擊球、推桿等動作都會輪流出現問題。在比賽執行能力上沒有太大問題的她，只能認為是自己「運氣不好」，所以更加鬱悶。

在她剛開始打高爾夫沒幾年的時候，身邊許多人都對當時年幼的她讚不絕口，認為如果她成為職業選手，一定無人能敵。實際上，她也以優異的成績，比同齡選手更早成為職業高爾夫球選手。

然而，這就是問題所在。小小年紀就必須和在電視或雜誌上看到的優秀選手們比賽，這樣的壓力阻礙了她的發展。每次比賽都承受著巨大壓力的她，連自己的主要絕技——發球都沒能發揮出來，鐵桿擊球的機率也降低了。更嚴重的是，在業餘時期不曾出現過的失誤也越來越多。在這之後，她的隊友開始用「膽子不夠大」、「膽小如鼠」等方式形容她，而她自己也開始產生這樣的想法。這是一種自我貶低。

「自我貶低」的另一種說法就是「自我概念（self-concept）貧乏」。自我概念是辨別並評價自己的心理學用語。通常，自我概念會透過與外部環境的相互作用形成。小時候的對象是父母，不過在長大後，對象會無時無刻發生變化。

人們常說：「環境對一個人來說很重要。」這是因為形成自我概念的環境將決定認同感。這樣的自我概念比起外部環境，更容易被內在力量所影響。因為接受並調整與外部環境之間相互作用的主體就是自己。

因此，自我概念的中心是「自我」（self）。盛裝「我」的第一個器皿就是自己。這個概念如果貧乏或充斥著自我貶低，連定義認同感的後續資訊也會被污染。就好比朝著被油覆蓋的大海注入頂級的清水，這麼做不僅無法淨化大海，反而會增加受污染海水的體積。自我概念也可以用相同的道理來解釋。

不僅運動員容易掉入自我貶低陷阱，身為有經驗者進入通訊公司的民九也因為同樣的理由來找我諮詢。他從外縣市的大學畢業後，任職於首爾的某家新創企業累積經驗。後來，他被與該公司有合作關係的大型通訊公司相關人士挖角後離職。因為跳槽到大企業，當時的他被很多人羨慕，不過進入該公司才第二年的他，很快再次考慮跳槽。

和他一起工作的同事們中，「學歷最差的畢業於首爾大學，最優秀的則來自哈佛大學」，這項事實讓他過得很辛苦。雖然他也自認具備競爭力，但是職場生活並不容易。在撰寫報告書、進行會議、做出決策、執行專案等方面沒有取得什麼成果後，他開始為自己設下限制。

像這樣失去自信後，民九雖然正在開發好的技術，卻無法在做重要的報告時，向公司高層展示自己的成果。「比我優秀的人不知道有多少」、「就算我做得再好，你有可能會認可我嗎？」這種失敗感讓他裹足不前。

每年都止步於亞軍的高爾夫選手，以及在進行重要的報告時經常滑鐵盧的上班族，這兩人有一個共同點——那就是，讓人在關鍵時刻投降的「怪物」不是別人，而是自己製造出來的事實。

乍看之下，似乎是「那個選手很膽小」、「他為什麼一上台報告就那麼緊張」之類的言語讓他們感到畏縮。但是，為別人的影響出一份力的正是我們自己。因為我們不傾聽自己的內心，反而為別人裝上擴音器，才會養大心中的怪物。

經常自我貶低的人擁有的特徵之一，就是完全接受對方的話。他們不會考慮對方說的話是否妥當，而是直接選擇全盤接受，結果卻壓迫了自己，招致不好的結果。

如果是因為客觀的實力和練習量不足，而造成不理想的結果，那只需要努力填補這一部分就可以了。然而，若是心理因素導致反覆失敗，就應該先找出造成心理壓力（under pressure）的原因，並尋求解決對策。

「我就知道會這樣。」

「我只能到這裡了。」

「這樣已經很好了。」

別輕易說出這種讓自己萎縮的話。沒有人是可以輕易對自己說出這些話的渺小存在。

想要擺脫情結的話

世界上不存在沒有情結的人。我也曾經為情結所苦。雖然現在有很多認可並理解我的總教練、教練與選手，但是在踏入該領域的初期，我完全被視為異鄉人。剛進入體育精神醫學的那段時期，我經常問自己：「我是誰？為什麼要做這項工作？」

當時，我覺得運動領域會非常需要我。但是，體育相關人士和運動選手們卻用「那個人到底是誰？」的冷淡視線看著我。我又不是採訪記者，所以想要在比賽開始前，請他們抽出時間與我面談並不是件容易的事。在他們眼裡，我是個怪人。就像這樣，當我對自己的評價和外人對我的評價出現落差，我的內心深處後開始出現情結。每當被情結折磨時，我都會問自己：「我是誰？為什麼要做這項工作？」

當時，只要有夜間比賽，我就會不辭辛勞地前往各地採訪選手。像存零用錢一樣省吃儉用累積下來的年假，也全都用在拜訪選手們的移地訓練場上。這樣的日子過了大約三年之後，我便理所當然地覺得，自己應該要跟著去移地訓練場，而選手和教練們也自然而然地接納了我。把珍貴的年假都花在拜訪移地訓練場這件事上，總算沒有白費。就這樣，我感受到自己正身處於該去的地方、該存在的地方，這種感覺轉化為自信，讓我自然而然地擺脫了「我究竟是誰」這樣的負面情結。

此外，金雅朗選手也有情結。

「想起二〇一二年第一次入選國家隊的時候。在只有佼佼者中的佼佼者齊聚一堂的地方，我感受到他們的努力和迫切，讓我也覺得非常緊張。當年的我只有十九歲，很多人對我投以懷疑的目光。我當然很在意，內心也無比動搖。因為年紀太小，缺乏老師們的指導，所以有很多東西需要自己領悟。

「那個時候，我很羨慕其他人。我也想擁有其他選手的能力，所以努力模仿他們。我就這樣盲目追求其他選手的風格，結果逐漸失去了自己。也曾經因為做了超出我身體能力的運動而受傷。由於這會直接影響成績，所以每年我的排名都在下降。」

想克服情結，必須先把對自己的負面想法轉變為正面的想法。乍看之下似乎很容易，其實沒有那麼簡單。因為我們很了解自己，自己內心的聲音也聽得最清楚。換句話說，就算嘴上再怎麼大聲呼喊著：「我做得到！沒有問題！」卻還是會聽到來自自己心裡、偽裝成真實的負面吶喊：「不過，還是不行吧？其實根本做不到吧？」

因此，想要克服情結，最需要的步驟之一，其實是非常枯燥乏味的——「旁白技巧」，也就是將事實羅列出來。

我對之前介紹過的A投手做的第一件事，就是讓他想起「投手的角色」。投手的角色是丟球給打者的人，而不是讓打者打不到球的人。投手是站在十八·四四公尺遠的投手丘，往打者所在的打擊區投球的人。因此，無論投得快或慢，都是次要問題。投手最重要的角色就是投出手中的球，讓打者打擊。考慮到這個基本角色，如果打者打到球，代表投手適當地扮演了自己的角色。我立刻讓他想起這一點。現在，這位選手成了球場上的哲學家。

金雅朗選手當時也擁有超過高中選手等級的力量、柔軟度和膽量，不過她總是拿自己與其他選手比較，結果反而迷失了本該在冰上賽道衝刺的自己。這時，利用閱讀訓練日誌的方式客觀回顧自己，也是一個很好的方法。

以下是金雅朗選手說過的話：「我試著在訓練日誌上羅列出自己擁有的優點，還有只有我能做到的技巧。偶然與其他選手交談時，我聽到了我的優點。這成為我這麼做的契機。我也是因為自己擁有的特殊性，才會和這些人一起獲選進入國家代表隊，可是我一直在貶低自己。從那時開始，我一面尊重其他選手擁有的優勢，同時也認可了和這些選手一起上場比賽的自己，並且更加專注於自己擅長的事上。」

她就這樣反覆透過訓練日誌尋找自我，這讓她得以使用客觀的評價為基礎，擺脫與其他人比較的習慣，最後治癒了自己的情結。

就像這樣，情結是需要克服的，也是我們需要的能量。在解決戴著各種面具的情結時，我們將學會接受自己的弱點，同時挑戰比自己預期中還要困難的事。這樣一來，我們就會熟悉挑戰、失敗，然後再次挑戰的過程。

2 陷入過勞與低潮的人們

怎麼努力都無法進步——倦怠症候群

有一位從考試前一個月就開始用功讀書、成績卻沒有進步的學生，還有一名每天加班、卻沒有取得成果的上班族。他們本人和身邊的人都感到很疑惑：明明已經那麼努力，為何結果還是如此不理想？

「我覺得準時下班的人很不像話。因為他們看起來對工作沒有熱情，只是在隨便過生活。但是最近的我就是這樣。就算已經超過最後期限了，也不會覺得自責，而是抱著船到橋頭自然直的心態。我對公司沒有什麼不滿，可是我也不想要再努力了。」

四十五歲的茂誠在不久之前轉職了。然而，問題的根源在於，他是在耗盡能量的狀態下轉移崗位。因為坐上了重要的職位，所以他帶著滿滿的熱情、竭盡全力工作，但是他的熱情很快就消耗殆盡。

像茂誠一樣專注在某件事的人，當他們感受到身體和情緒上的疲勞，而陷入無力症或自我厭惡的現象，被稱為「倦怠症候群」（burnout syndrome）。簡單來說，就是體力和熱情全都被消耗殆盡的狀況。

茂誠是成果至上主義者。這種類型的人無法忍受休息狀態，因為他們相信如果沒有工作，就會喪失自己的能力。在這樣的人生中，成果至上主義者只能全力奔跑，沒有時間再充電。但如果不充電，只是不間斷地全力奔跑，認知能力就會達到極限，最終陷入低潮的風險就會增加。

那麼，我們來談談低潮期吧！如果低潮期持續下去，就會導致倦怠嗎？反之，若倦怠一直存在，就會陷入低潮期嗎？兩者都是對的，不過也是錯的。換句話說，兩者可能有關係，卻又有點不同。

就算是工作能力出色的人，若永不停歇地工作，也會經歷職業倦怠。意即，「休息」對我們而言相當重要。另一方面，低潮期是指一個人無法持續展現自己充分可以做到的表現。也就是說，低潮期與「表現」有關。因此，陷入低潮的人如果不斷努力擺脫困境，那麼發生倦怠的風險當然很高。另外，即便是原本做得很好的工作，若不間斷地持續下去，也可能會因為過度疲勞而陷入倦怠，進而影響表現，最終進入原有工作也無法順利進行的低潮期。

然而，解決這些問題的方法卻不一樣。也就是說，到底要透過「休息」提高「表現」，還是要透過提高「表現」來預防倦怠？如果想要提高表現，就需要有效的努力。透過這樣的努力才能預防倦怠。

認知能力分為認知穩定性（cognitive stability）和認知彈性（cognitive flexibility）。這兩者必須互相協調，工作效率才會提高。認知穩定性是指維持原本工作的能力，而認知彈性是指將原本工作轉變成其他工作的能力。穩定性過強，就會成為死板、不知變通的人；不過彈性過大，就容易成為散漫、沒有目標的人。因此，兩種能力的均衡非常重要。

一直工作不休息的人，是重視認知穩定性的類型。過分追求穩定性，生活就會變得疲憊。因為「不管什麼都要抓住才能安心」的想法妨礙了真正的休息。這種類型的人在嘗試新工作之前，會先建立自我審查清單。如此一來，工作效率當然會下降。

在工作時總是忘東忘西，懷疑自己記憶力下降而來到診療室的人，主要是沒有休息、只顧著工作的年輕人。這是因為工作忙得不可開交，再加上面對毫無對策展開的許多事情，因而心懷擔憂、不安或憂鬱，降低了自己的認知功能，使自己平常擁有的記憶力和判斷力變得模糊，才會產生這種感覺。然而，年輕時罹患失智症的機率微乎其微，大概和數千年前在某個星球愛上自己的人在時光飛逝後，直到今天才來見我的機率一樣。

因為憂鬱或不安導致記憶力或判斷力下降的現象，被稱為「假性失智症」。這種症狀只有在年長者身上才看得到。更何況，我們根本不會把「假性失智症」這個詞和年輕人相連結，這只是一種「錯覺」。

完美主義者容易落入的陷阱

那些曾經偷偷躲著我的選手們，有時會突然主動來找我，通常是在他們認為自己陷入低潮的時候。不過，他們並不是一陷入低潮就來，而是在嘗試了各種方法都無效之後，才抱著「啊，現在可能真的該去看看精神科醫生了」的心情來找我。令人驚訝的是，儘管他們已經很努力地想辦法擺脫低潮，卻完全沒有任何效果。

「我不知道自己為什麼要這麼做。」

這是與陷入低潮的選手面談時，我最常聽到的話之一。然而，在諮商過程中，陷入低潮的理由開始一個個浮現，很快就累積到十幾種。問題是，他們所說的低潮原因不只一、兩個。可能是因為以前受過的傷，或是因為不想聽新上任的教練嘮叨，也有可能是來自父母的期待……雖然提出了各式各樣阻礙自己的理由，他們卻不知道讓自己陷入低潮的真正原因。

當有問題發生，首先要查明原因。低潮期較長的選手往往在用盡了各種方法之後才勉強好轉，因為他們一開始沒有找到主要原因，而是往其他方向徘徊。

選手無法洞悉主要原因，並不是因為他們毫不知情，而是他們無法接受那個主要原因。例如，身為一位職業足球選手，左腳運球的實力卻只有業餘水準，通常沒有人可以接受這項事實。承認自己的不足或缺點，就像在眾目睽睽下全身脫光般可怕。尤其，完美主義者更是如此。

完美主義者是防禦的奇才。他們主要使用的防禦機制是「情感孤立」。**情感孤立指感受到想法的主體與情感隔離，即便浮現再怎麼有害的想法，也不會覺得不舒服的狀態。**

如果反覆思考某個問題，自然會感到鬱悶且痛苦。因為沒有特別的對策，當然會覺得不適。然而，情感孤立不會伴隨這種感覺。即使反覆想著這些疑問，也不會感到不舒服或是情感消耗。若處於這種狀態，精神科的治療效果也會明顯下降。此時，讓對方開始感受到「痛感」（即不舒服的情緒）才是治療的起點。

在與擁有完美主義傾向的人交談時，偶爾會有人指責他們：「你怎麼那麼負面？」、「應該用正面的方向思考事情，為何總是往不好的方向想？」但這些批評，並沒有徹底理解這些完美主義者。

具有完美主義傾向的人，其實並不是只在腦中想像負面情境，而是為了準備B、C、D計畫等備案，在腦中建構出對應各種情況的運作機制。當A計畫成功時，這個思考流程自然就結束了；但若不行，他們就會轉向B。為了思考B計畫，當然就得先預設「A計畫失敗」這個「如果」的情境。假如一般人不了解這種運作方式，就會覺得他們只是很悲觀。

實際上，治療完美主義者需要花費很多時間。我在與完美主義者進行諮商時，會要求他們先放下心中的重擔。因為只有放下心理包袱，才能減少不必要的能量消耗。倘若不先放下羞恥心、又喪失自信，就必須對抗「要不要說呢？」、「如果說出這種話，對方會怎麼看我？」、「要不要乾脆說謊？」等讓人煩躁的心情。

我和這樣的人交談時，一開始會把大部分的時間都用來傾聽他們的故事。把累積至今的辛苦故事都吐露出來後，他們心裡便會舒坦許多，也更能夠鼓起勇氣暢所欲言。

總是覺得必須做些什麼……

有些人會表現出一種伴隨焦慮的病態強迫行為。例如當B外出時，把門鎖好後便離家。但是，走了一百公尺左右，他突然覺得門沒有鎖，於是又回家確認。確認門鎖好後，B再次外出；但是當他走到離家一百五十公尺左右，再次感到不安。最後，B的外出計畫變得一團糟。像這樣的強迫症，是指與自己的精神無關，就算想擺脫特定的思考和行動，也會時不時反覆進行的心理狀態。

已經工作七年的海成最近考上了國內大學的MBA。這是因為他覺得，眼看其他同事都在進修，只有自己什麼都不做，就會落於人後。在競爭激烈的職場中，上班族很難擺脫這種強迫症。不過，除了MBA之外，海成也正在準備CFA（特許財務分析師）證照考試。職場生活和婚姻生活已經很累了，還要自我開發，真的非常辛苦。然而，這種現象並不只發生在海成身上。

大部分生活在現代社會的人們為了更好的未來，甘願以今天的幸福作為擔保。精神分析學家卡倫・荷妮（Karen Horney）用「必須做些什麼情結」（Should Be Complex）一詞定義了現代人的這種不安[2]。**經常處於強迫狀態而無法及時做該做的事情，或是因為要做的事情太多而處於恐慌狀態時，代表我們陷入了「必須做些什麼的情結」**。這是由認為「停滯就是拖延」的社會氛圍助長的一種神經衰弱症。

在只要犯了一次小失誤，一年的努力就有可能付諸東流的運動選手身上，會出現什麼樣的強迫症呢？曾經有一位前途大好的網球選手，在重要的比賽之前總是非常不安，甚至還產生了不能踩線的強迫症。即使不在網球場上，就算只是踩到房子附近的線，他便覺得當天的比賽會輸。因此，在正式比賽時，那位網球選手只顧著避開畫線的地方，而無法專心比賽，導致成績非常糟糕。讓人必須考慮每個行為的強迫性行動，卻讓他錯過真正需要注意的部分，可以說是破壞成果的罪魁禍首。

經由諮商，確認了這位選手的強迫性思考程度後，我發現「魔咒」是很大的問題。因為魔咒讓他在不知不覺中，陷入了無法專心比賽的結果。

有一種說法是：進行比賽時，如果過度耗費心神在於過程，想法就會變得複雜且不利於比賽，倒不如放空腦袋。然而，我認為並非如此。若參加比賽時真的毫無想法，就會因為潛意識中的不安而更加緊張。如此一來，競技水準當然會降低。

我引導這位選手轉換思考：「要想打出快速球，就必須先固定下半身。旋轉力道強勁的球飛來時，後擺的幅度應該要變窄……」利用這種方式，讓選手的注意力集中在比賽上，結果提高了這位選手利用曲球和旋球的能力；與此同時，不應該踩線的強迫性思考也隨之減少，提升了他的競技能力。這是努力讓自己專注在過程、而非結果的成果。

危險的「多馬魯斯思考法」

說到韓國職業運動史上最悲慘的連敗紀錄，就不得不提到大邱東洋獵戶座籃球隊在一九九八年到一九九九年賽季創下的三十二連敗。直到賽季初期的三、四場比賽為止，他們還展現出與其他球隊不相上下的實力，不過在遭遇二連敗、三連敗後，東洋獵戶座的選手們開始陷入「連續輸了好幾場」、「從賽季一開始就搞砸了」的負面想法。儘管今天和昨天輸掉比賽的原因不盡相同，但是他們的注意力只集中在「輸球」這個共同結果上。

在吞下二十連敗後，輿論開始紛紛指責。東洋獵戶座也為了擺脫連敗的陰影，進行了祭祀、供佛等儀式，做了各種努力，然而最後還是創下空前絕後的三十二連敗紀錄。

前述是典型的「馮·多馬魯斯（Von Domarus）法則」。多馬魯斯認為，正常人會以主語的部分為中心進行思考，而精神分裂症患者只要謂語的部分一樣，就會判斷主語部分也是相同的，例如發展出「聖母瑪利亞是處女。我是個處女。因此，我是聖母瑪利亞。」的邏輯[3]。

反之，正常人則以主語為中心進行思考。這被稱為亞里斯多德（Aristotelian）法則。例如，「在美國出生的是美國人。約翰出生在美國。因此，約翰是美國人。」主語和謂語如果像這樣待在各自的位置，就會成為常識性的思考，但如果順序顛倒就會成為妄想。

不論是哪項運動，馮·多馬魯斯法則都折磨著選手和團隊。陷入低潮的選手和隊伍大多被馮·多馬魯斯法則束縛著而苦苦掙扎。

「明明用球棒的正中心打到球，結果卻是界外球。一顆球都沒打中，所以被三振出局了。因此，我連續兩個打席都出局。」

「昨天輸了，今天也輸了。我們連續輸了兩天，陷入連敗的泥淖。」

像這樣陷入低潮的選手或隊伍只專注在比賽結果，也就是謂語的部分，並且急著下結論。這樣專注於謂語的選手或隊伍，很容易陷入僵持狀態，因為他們沒有徹底分析失敗的原因，而是直接參加下一場比賽。

太急於下結論、合理化發生的事

著急得出的結論，往往會掩蓋過程。如果過程被掩蓋，就會消除失敗的原因，錯過邁向成功的關鍵因素。「這次的比賽，我們在體力上比較不利。」如果像這樣直接將失敗原因歸咎在選手的體力上，就無法看出其他導致失敗的要因。這是因為他們想要避免推翻定論所帶來的辛苦。所以，每次諮商時，我都會要求選手不要急著下結論。

在重視主語和過程的狀況下，還要注意一條重要的規律——「合理化法則」。**合理化是指對於自己的行動或想法，制定適當邏輯根據的過程。如果這種合理化嚴重不合理，就會發展成精神分裂狀態。**

舉例來說，一位連續比了多場比賽的高爾夫選手，比起訓練，他更需要休息。這時，他看著窗外下雨的景象說：「今天下雨，沒辦法練習了。」那這就是一種藉口。事實上，他需要休息，但他需要一個看似合理的理由，來證明自己並不是一個懶惰的選手。這就稱為適當的合理化。

不過，在相同的情況下，因為自己覺得累而選擇休息，卻又對其他選手照常進行練習感到不安，於是打電話到高爾夫球場，並要求道：「現在正在下雨，如果想要保護草坪，就不能讓任何人進入練習場。」這就可以被稱為神經質的狀態。

像這樣多少有些神經質反應的選手不在少數。他們可能是敏感到在更衣室裡聽到隱約的腳步聲就責怪的前輩高爾夫選手；或是時常把自己的壞心情發洩在無辜後輩身上、想法不成熟的前輩。這些不合邏輯的做法和反應無法被他人認可，只會降低自己的威信。

走出低潮的方法，是階段性釐清

陷入低潮時，明智的選手和不明智的選手各有特點。以下以兩位三十七歲的棒球選手為例。

明智的選手在比賽時，如果沒有打中球，會在比賽結束後找來影像分析師，一起觀察並分析自己的姿勢。接著，他們會向教練諮詢自己錯誤的姿勢，糾正需要改進的部分並再進行練習。這位選手雖然還要進行其他練習，但是如果太過貪心，第二天比賽時體力就會出問題。別人都說他是天才，不過他會時刻意識到自己已經三十七歲了。他認為集中練習最重要的部分有助於實戰，並時常鼓勵自己。

另一方面，不明智的選手儘管比賽剛結束，也絕對會練習到凌晨兩、三點。不知不覺已經三十七歲的他只要一有空閒，就會因想到退役而感到非常不安。雖然他下定決心要在退役前燃盡最後的火花，所以不分晝夜埋頭練習，但是真正到了比賽時，卻因為體力不支而無法展現自己的實力。那樣的日子讓他陷入絕望，於是更加努力練習。結果，第二天就更加無力。現在因為體力跟不上，他擔心自己連最後的火花都還來不及點燃就這樣直接退役，挫折感越來越強烈。就像在沙灘上努力練習划槳，但在海上反而因為力量不足，無法讓船前進的狀況一樣。

表現狀況不理想，也就是陷入低潮的時候，整天苦惱為何不順利的選手最常做的行為有兩種。其一是增加練習；其二是乾脆暫時不運動、調整心態。不過，在那之前，有幾件事必須釐清。

首先是：「我真的處於低潮嗎？」因為陷入低潮而來找我的選手中，有些選手沒有繼續面談，而是直接回到了練習場。那是因為與實力相比，他們對自己的評價標準過高。這些人在自己無法達到那個高標準時感到失望、沮喪，所以告訴別人自己遇到了低潮。此時，諮商後就會發現，他們其實不是遇到低潮，而是「實力不足」。所以說，平常可以展現出一定水準的人，如果長時間無法展現與以往相同的水準時，這才是真正的低潮。

即使陷入低潮，也有人可以聰明地克服。這些人大部分都很重視過程，或者像先前介紹馮・多馬魯斯法則時說明的那樣，是認為主語很重要的人。遇到挫折時，重視主語的人會從查明問題原因開始一步、一步解決，而重視謂語的人則不然。

事實上，決定平時表現的條件並不只取決於選手本人。過去我們在討論運動實力時，總是會說：「不要責怪別人，只有你能為此負責。一切都只是實力問題。」然而，實際上，選手的狀態、比賽場地的設施、天氣、裁判、觀眾等各種因素，都決定了表現的水準。因此，如果無法呈現與平常相同水準的表現，懂得客觀分析其中的原因就非常重要。此時，應該客觀分析自己需要糾正的部分和沒能糾正、無法改變的部分。這可以說是對過程及主語部分的分析。

金雅朗選手曾經在比賽中，因受到其他選手的妨礙而摔倒。這段時間的努力瞬間化為泡影，她應該會覺得既空虛又委屈。這種時候該怎麼辦呢？就像剛才提到的，我們必須透過客觀的分析，明確掌握事實。

「沒有實力」、「運氣不好」或「狀態不佳」等說詞一點幫助都沒有。因受到其他選手妨礙而摔倒的金選手，找到了提升自己速度、其他選手無法輕易妨礙她的方法。分析原因後，她選擇專注在自己需要改進的部分。多虧如此，她擺脫了一不小心就會陷入低潮的狀況。

連敗的隊伍或選手要想擺脫低潮，階段性的逐步釐清非常重要。就像經歷多個發展階段才能開花結果，走出失敗也要經歷許多步驟。然而，大部分的人都不知道這個事實。登山不只是上山的過程，還包括下山。這就是登山的特性。在參與比賽和業務上取得成果的過程亦是如此。

不只是克服低潮，在人生中，像這樣按部就班克服問題的方式也非常重要。爬山時，有些人埋首於登頂這件事。相反地，有些人則喜歡爬山的過程。哪一種人更擅長登山呢？當然是享受過程的人。這種人的目的是享受過程，所以多快可以登頂並不重要。

享受過程的人會懂得接受失敗是「有建設性的失敗」。在選手中，重視過程的選手即使被三振出局，也會努力區分自己做得好的部分、犯了什麼錯誤，以及自己究竟具備多少實力。

通常，陷入低潮或工作不順利時，很容易覺得情況是在一夜之間惡化，然而事實並非如此。正如一座城堡的倒塌始於細小的裂痕，只有在跨過失敗的門檻當下，才會出現名為「失敗」的最終結果。

如果你覺得自己目前正處於低潮期，必須先了解自己是否真的處於低潮期，然後分階段逐步逼近問題，找出解決方案。

模擬實戰，練習應對危機與轉機

明智的選手在練習時，會事先思考機會和危機。這是為了想像實際可能發生的場面，並根據情況做好應對的準備。這樣的練習不僅能夠提高專注力，而且不會浪費時間進行不必要的訓練。模擬實戰的練習可以提高實戰的成功率。透過這類危機應對訓練在實戰中取得成功的選手，會對比賽更有自信，並且熟練發揮自己的技巧。

反之，陷入低潮的選手往往認為機會和危機降臨在自己身上的機率很小，所以只專注於一般的訓練。他們覺得即使出現機會或危機，自己也會被其他選手替換。令人驚訝的是，有這種想法的選手，實際上很少被給予機會。在總教練和教練眼中，他們似乎缺乏熱情，所以一旦機會或危機來臨時，總會被其他選手替換。

有時即使面臨關鍵時刻，也沒有選手可以替換，只能讓這樣的選手繼續參賽。如此一來，理所當然無法抓住機會，最後就讓比賽莫名其妙地結束。當下一場比賽來臨，可想而知總教練會如何運用這名球員。

每個人對自己的前途可能有不一樣的想像。例如，A選手相信自己的能力，無論遇到什麼情況，都會為了創造成功的結果而做好準備。B選手則是事先設定好能力的界限，而不去應對機會或危機。雖然兩位選手都經歷刻苦的訓練，可是結果必然會不一樣。

在特定情況下感到不安，是因為對如何應對該情況的方案不成熟。這種時候不管是誰都會變得敏感。因為自己比任何人都清楚，手上的武器沒有完美到可以在戰爭中獲勝。只有做好充分的準備，我們才能獲得心理上的安全感。

回想和金雅朗選手聊天的時候，我們好像不常具體談論機會和危機，只是一直在制定下一個計畫。在參加二〇一四年索契冬奧時，我們在制定關於二〇一八年平昌冬奧的計畫；而在參加二〇一八年平昌冬奧時，我們已經討論到了二〇二二年的北京冬奧。我們當然會商談應該如何練習、如何比賽，不過我們會將重點放在要如何把二〇一四年的成績，運用在備戰二〇一八年的冬奧上，以及截至目前為止的職業生涯將如何影響她在二〇二二年和二〇二六年的未來。換句話說，**比起機會和危機，我們更常談論「準備」**。「準備」在機會降臨時十分必要，而在危機來臨時的重要性則有增無減。

承認不安與緊張的存在

金雅朗選手在首次參加奧運時，未能在個人項目贏得獎牌。不只是她自己，身邊的人也覺得非常遺憾。因此，在第二次入選平昌冬奧國家代表隊之後，她就產生了「絕對要奪牌」的想法，也為此備感壓力。她當時表示：「如果無法在個人項目贏得獎牌，我好像就會成為這個世界上最不幸的選手。」

當時，我建議她想像一下最糟糕的情況。經過幾次諮商後，金雅朗選手開始具體思考。後來，她說：「就算無法贏得獎牌，也不會為我的生活帶來太大的災難。」這反而讓她恢復了自信。她告訴自己不要事先感到害怕、不安，而是要抱持著「就算沒有贏得獎牌也沒關係，先放手試試看吧」的想法。

我不會盲目勸告感到不安的人一定要有自信。相反地，我會指出必須應對的危機，並與之進行對話。只要知道自己應該準備什麼，就能戰勝恐懼。這才是克服恐懼時必須具備的首要武器。

在比賽中領先，占據優勢的選手們異口同聲表示：「在緊張到發抖的瞬間，承認自己感到緊張、不安的事實，是讓自己不緊張的最大祕訣。」

「這是一場有兩萬五千多名觀眾進場觀看的最終決賽，當然會緊張。怎麼可能不緊張呢？但是，猛然一瞥，守門員好像稍微往右移動了。我抓住這個機會，瞄準左邊的角落射門，結果就得分了。」

這是在足球國家代表隊中，表現活躍的明星選手曾經說過的話。與此相反，一位被稱為「第七年的明日之星」並效力於二軍的足球選手則如此說道：「在聚集兩萬五千多名觀眾的最終決賽上，我一直告訴自己：『不要緊張，不要緊張。』我假裝自己一點也不緊張，大膽行動。其實，在球傳給我之前，我沒有那麼害怕。但是，當球落在我面前，我突然不知道該怎麼射門了。」

「承認並接受緊張的瞬間」和「假裝不緊張，逃避自己覺得緊張的事實」之間存在著如此大的差異。不管是誰都會在緊張時犯錯，像這樣在關鍵的情況下技術表現失常、喪失平常心的狀態，被稱為「怯場」（choke）。與運動選手進行諮商時，時常會有人把怯場和低潮混為一談。

在足球比賽中，人們通常希望選手在危急時刻，或非常戲劇性的瞬間發揮最高水準射門得分。不過，就算此時沒有成功得分，也不屬於低潮狀態，只是因為怯場而已。換言之，不是選手的實力變差，而是對手集中力量防守並阻止射門，才會沒能得分。

然而，有些選手會將無法在重要時刻進球，歸咎於自己的實力不足，結果為自己加重心理負擔，並把自己推向低潮。因為沒有區分出「怯場」還是「低潮」，最終導致自己莫名其妙陷入低潮。

學測成績比平時成績差的學生中，有很多人以為考學測時，緊張程度只會和在學校或補習班考模擬考時一樣，但實際上卻嚴重到讓人驚慌失措，心裡不斷想著：「啊，怎麼辦？想不起來了。連原本會寫的題目現在都不會寫了。這次的考試完蛋了。」而把自己推向深淵。這些學生經歷了和先前提及的選手們相同的過程。

此時，最好接受眼前的情況，並且告訴自己：「可能會比平常更加不安、緊張，所以至少會寫的題目不要失誤，好好解題吧！」這樣才能減輕過度的心理負擔，進而取得更好的結果。

3 不安與恐怖製造的心靈怪物

恐懼是真實存在，還是心靈怪物？

東鎮是一名天賦異稟、生性誠實的棒球選手，沒有人會懷疑他的成功。然而，東鎮卻說，只要自己一上場，他的自信就會消失，問題出在陷入可能會輸給對手的負面想法中。身邊的人給予他很多鼓勵和忠告，像是「要有自信」、「要正面思考」、「不要胡思亂想，站上打擊區就對了」等話語。

對於這樣的東鎮，我建議比起鼓勵和忠告，更應該將自己的情感和想法區分開來。在比賽時，精英選手們最擅長的事情之一，就是對自己的想法產生情感。

當東鎮在打擊區上遭到三振時，他感到自責和痛苦，並開始擔心球迷的指責、對年薪協商的影響等，這些想法一個接著一個冒出來，甚至被一起帶到了下一輪的打擊區中。但是，精英選手卻可以冷靜地把這種情感和想法分開來。

把自己的情感與想法分開，其實是一件很困難的事。普通人想要調節情緒已經很困難了，更何況是必須在緊張的氣氛中，與對手一決勝負的情況。只因成績被他人評價的選手們，在每場比賽中都會冒出很多想法。

我建議東鎮不要一直把「情感垃圾」帶到球場上。不過，我也要求他在諮商時，把讓他感到辛苦的情感都傾訴出來。藉由讓他傾訴遭遇三振時的困惑，以及在那之後的憂慮和恐懼，進行慢慢分離情感和想法的練習。

醫學上把害怕稱為「恐懼」。大部分的恐懼在面對特定對象或情況時，會像怪物一樣現身。不過，恐懼的特點在於與發生的事件規模無關，不論大小都會助長恐懼心理。恐懼會使人變得渺小，當然也會妨礙我們產生自信。

若要保持自信，就必須分析恐懼的真面目。了解真相後就會發現，恐懼其實是個像騙子般的存在，往往都被大幅扭曲。即便完全可以克服難關，人們還是常常自己製造出妨礙自己克服難關的怪物，並且放在腦海裡。

折磨自己的恐懼或恐懼心理究竟是真實存在，還是由扭曲的認知創造出來的怪物，只有將兩者區分出來，我們才能擺脫恐懼。套一句美國前總統富蘭克林．羅斯福（Franklin D.

Roosevelt，又稱小羅斯福）的話：「**我們唯一需要害怕的，就是恐懼本身。**」也就是說，恐懼並不是因為某個事實讓人產生害怕的情緒，而是來自於對情緒的執著所放大的結果。恐懼，是情緒滋養出來的怪物。即使是如房屋般龐大的恐懼，一旦看清它的本質，就可能發現根本沒什麼。

治癒恐懼的解藥——自我信任

儘管恐懼襲來，還是有人會說：「我不害怕。」然後逃避。這種自我情感的逃避會進入潛意識，有一天會突然長成更大的恐懼。對於選手來說，恐懼有可能在下定決心要擊出安打的瞬間冒出，也可能在打定主意不要犯下失誤的那一刻出現。

我告訴那些飽受恐懼折磨的人，要抬頭挺胸與那種情感對決。在需要擊出安打的瞬間，如果恐懼出現，就要充分接受這種情感，並且在擊球的同時，揮棒將恐懼打擊出去。

試著想像一下，在身為投手的自己面前，如果站著一位在本賽季中擊出四十支全壘打的打者。我會害怕嗎？想到自己直球的最高球速只有一百三十七公里，如果往中間投球，被對方打出全壘打的恐懼就會襲捲而來。等一下，這不是恐懼，而是對現實的冷靜分析。

我的這種慢速球是不是沒有可以投的地方？如果冒出這種想法，你就是想逃避恐懼的人。但是，如果你思考的是：「先向外側投出三顆球，最後再朝身體的方向投出曲線球一決勝負。」那麼，你就是懂得開始和恐懼正面對決的人。

診療室裡許多人的經歷，讓我意識到為了趕走這個名為恐懼的怪物，人們必須要「自我信任」。實際上，自我信任會對在賽場上比賽選手的競技能力，產生相當大的影響。

那麼，自我信任是如何產生的呢？首先，**自我信任可以分為兩種。一種是無條件相信會有正面的結果，而另一種則是下定決心，讓身體按照自己的意願行動**。以足球選手為例，「我要在這場比賽中踢進球」的想法屬於前者，而「把球踢向左邊」的想法則是屬於後者。如果是前者，那名選手已經身處於「結果」，而後者則專注在「過程」。

大部分的選手都希望自己是前者。因為不論踢球的過程如何，只要最後可以進球就可以了。但是，成為前者的機率微乎其微。在一場比賽中，即使射門十到二十次，也只能射進一球。明明是機率較低的一方卻有著自我信任，簡直像是在開空頭支票。

儘管如此，大部分選手還是想要成為前者，因為這是可以瞬間減少不安的「假」安慰。中間少了辛苦和緊張的過程，「我」已經身處於結果。既然已經成為勝利的主角，心裡就能放鬆許多。然而，實際上比賽卻還沒有開始，所以會更加不安、緊張。

相反地，第二種自我信任的成功機率很高。如果認為「應該把球踢向左邊」，那麼實際上向左邊踢球的機率就會提高。當然，單單一次就進球的機率很低，不過由於使用的是可以踢進球的技術，所以比前者機率更高。因此，我會建議選手要擁有專注在「過程」的自我信任。如果選擇實現可能性較高的一方，自然可以累積自我信任。

一般人的情況又如何呢？在職場生活中，我們經常接到大型專案。對金科長而言，當他成為價值三千億韓元專案的報告負責人後，就飽受憂鬱和不安的折磨。這個專案的競爭率是十比一。競爭該專案的報告還沒有正式開始，他就已經因為想著「萬一出現問題，就要自己承擔後果」的心理負擔，吃不下也睡不好。

金科長也是比起過程，已經身處於結果了。報告的結果雖然只會是獲選或淘汰，但若是將重點放在一〇%的低獲選機率，就只能停留在被淘汰的結果上。專案的規模越大，獲選的機率越小，人們就會因此在無意中提前代入負面的結果。提前預測負面結果並準備（迴避或逃跑）是人類的本能，因此，我們必須刻意努力專注在過程上。

擺脫嚴重的「預期性」焦慮

「每當心臟劇烈跳動的時候，我都覺得胸口快要爆炸了。」

「呼吸越來越困難，感覺快要不能喘氣了。」

「雖然很難用言語形容，但是我的心裡有一股非常不好的感覺，陷入好像會發生某種嚴重錯誤的恐懼之中。」

有些人帶著一副快沒命的表情，來到診療室求助。他們是患有「恐慌症」的人。只要經歷過一次恐慌發作，這些人都非常害怕再次經歷同樣的症狀。

在精神醫學上，這被稱為「預期性焦慮」（anticipatory anxiety）。陷入這種情緒狀態的人會因為微小的心跳或心悸，甚至在沒有任何刺激的情況下，光是想像自己可能面臨的最壞情況，就被推入焦慮之中。

預期性焦慮是在經歷恐慌發作或重大事故後，就算沒有再次發作或發生類似的事故，不合邏輯的想法也會讓我們經歷與症狀首次出現時強度相似的不安。在有過不好的經歷後，因為細微的徵兆或線索，容易面臨這種與過去恐懼情境發生時相同的心理狀態。就像搭上一班朝著極度恐懼奔馳，名為「思想錯誤」的電車一樣；而且，這是一班由微小的契機發動、可以瞬間抵達最壞結果的超高速列車。

預期性焦慮與通常被稱為「精神創傷」的「心理創傷」不同，心理創傷是在遭受暴力、交通事故、墜落或地震等重大事故時產生；然而，從感覺到任何人都無法預測的恐懼和害怕這一點來看，預期性焦慮和心理創傷則很相似。

那些因為些微差異而錯過重大成果的人，或是因為一時失誤而投資股票失利，或者是被公司淘汰、或在經濟上無法東山再起的這些人，很容易內心產生極端的想法。而且，如果這種狀態越來越嚴重，就會出現暴力、過度酗酒，甚至試圖自殺等行為。

一位當時正在經歷過度酗酒、暴力行為、暴飲暴食等症狀的選手，曾經要求我替其諮商。曾在奧運獲得銅牌的這位選手，長期被拿來與另一位年齡相仿的金牌得主相比、甚至受到差別待遇；他因為這樣的壓力而開始酗酒並暴飲暴食，對自己的未來感到彷徨不已。同時，身為非人氣項目的選手，他在經濟上也陷入困境。即使現在已經到了對該項運動相當熟悉的年齡，但是能獲得的支援有限，導致他遲早要面對放棄運動的現實，這讓這位選手陷入了困境。如今即使參加比賽，似乎也對自己喪失了自信。

奧運的參賽選手大致可以分為三類，分別是如預期般贏得金牌的選手、沒能如預期般贏得金牌的選手，以及意外贏得金牌的選手，其餘選手則是志在參加。人們通常只把焦點放在取得好成績的運動員身上。在這種氛圍下，他們容易陷入注重結果而非過程的風險。即使是擁有著強韌精神的國家代表，那些「萬一無法贏得金牌，一切就完了」的極端想法，也會成為他們的負擔。

如果這種負擔超過幫助我們承受失敗的「緩衝作用」，就會出現預期性焦慮，降低人們的專注力和執行能力。這種預期性焦慮很難由選手獨自克服。尤其是大型比賽結束後，許多選手會陷入長期低潮或熱情枯竭的狀態。

因為裁判不公或些微的比數差距，結果遺憾錯失獎牌的選手，他們感受到的預期性焦慮會更加強烈。由於惋惜和委屈深深烙印在心中，只要遇見稍微類似的環境，當時的情況就會在腦海中重現。

金雅朗選手也曾因為些微的差距而錯過獎牌。這是她在德國某次世界盃上，首次參加復活賽時發生的事。雖然跟著前面的人越過了終點線，但由於緊追在後的選手不但加速衝刺直到最後一刻，甚至在終點線前伸腳，最後那位選手反而比她還要早通過終點。據說，金雅朗原本帶著有點安逸的心情踏進比賽場地：「我隸屬的分組要晉級相較容易，而且這一回合有三個人能晉級，於是我心想，可以節省力氣用在下一輪，只要守住晉級門票就好。」

沒想到遇到這種狀況，她不知道有多慌張。金雅朗說，她當時有些不知所措，甚至有些慚愧；對手盡了最大的努力，自己卻一副悠哉的樣子，所以這是理所當然的結果，她至今仍舊忘不了那個瞬間。從那天之後，就算只是預賽，金選手始終都沒有放鬆警惕。

預期性焦慮和準備狀態只有一線之隔，結果卻正好相反。同樣是擔心未來結果會危險或不好，結局卻恰恰相反。這其中的理由就在於「行動」。**預期性焦慮只擔心出現不好的結果，而不會為了解決而採取行動**。就算偶爾有所作為，也都是與解決問題無關的荒唐行為。就像是害怕心臟跳得太快，所以穿上緊緊束住胸口的厚重緊身衣。這樣一來，反而會讓人感到胸悶、心跳加速。

相反地，也有人像金雅朗選手一樣選擇做好準備。如果擔心其他選手會在終點線前伸出腿來，那就在賽前做出預測，在比賽時距離終點線前一公尺處搶先其他選手伸出腿——這就是準備狀態。雖然只是單純表示：「就算只是預賽，我也不會放鬆警惕。」實際上卻已經為了奪冠，做好萬全的準備。

想要甩開創傷的話

「我對○○有心理陰影。」

「我因為那件事產生了心理陰影。」

你可能曾經聽身邊的人說過這樣的話，最近人們經常使用心理陰影一詞。相較之下，根據教科書上的說法，只有看過因為地震導致數十、數百人死亡或受傷，或者嚴重的交通事故，導致數十輛汽車毀損及數十人受傷，才會說這是心理創傷。

不過，最近對心理創傷的定義出現了變化。即使是再輕微的事件或狀況，只要是改變我們思考、感受的認知與知覺，並且加以扭曲的經驗，也可以稱為心理創傷。換句話說，如果我在水裡被鱉咬了一口，之後就算看到又圓又扁的鍋蓋，就會跟被鱉咬了一口一樣驚訝，這就代表對鱉有了心理創傷。

金雅朗選手在平昌奧運選手選拔賽的兩個月前，臉部曾經受過重傷。在她有條不紊地準備著選拔賽的過程中，在某場比賽上，正當她從外線超越的瞬間，內側的另外兩位選手因為糾纏在一起而摔倒，滾到金雅朗的腳邊，害她也一起被絆倒。因為這場意外，她的眼睛下方被劃出一道非常深的傷口，甚至深到能見顴骨。如果冰刀稍微上挪一點，眼睛就有失明的危險。據說，她在那件事之後就開始害怕滑冰，也避免與其他選手發生肢體碰撞。每當需要超前的時候，她就會如同患有心理創傷般，想起當時那場事故而猶豫不決。

因為這件事，金雅朗選手在認知自己形象和實力時，感覺與想法上出現了扭曲。藉由因為意外而遭受深可見骨之傷害的自己，以及在其他選手的競爭中反映出來的自己，她想像出了另一個自己——不是平時那個充滿力量與韌性的滑冰選手，而是懦弱且每次在競爭中輸掉比賽的自己。

不過，她認為既然已經努力準備，絕對不可以就這樣倒下，無論如何都要找到擺脫心理陰影的方法。經過深思熟慮，她果斷拋棄了過去的自己，也擺脫被過去創傷埋沒的自己。亦即，用新的方法矯正認知上的扭曲。

「我找到的方法，就是在前面帶動比賽。一般選手如果想要在前方衝刺，需要耗費很大的體力，所以通常不會使用這個作戰策略，而是選擇暫時留在後方。不過，我戰勝恐懼的方法只有這個了，因此我下定決心增強體力。只要增強體力，就可以在前面領導比賽。我就這樣找到了方法，克服心理陰影。」

不是從後面追趕的普通方法，而是改成在前方領先並帶動比賽。她用這種方式克服了心理陰影。

不過，這裡還有一個重點，就是金選手擁有能夠引導比賽的力量與耐力。金雅朗選手為了增強體力，特別是下半身的體力，從間歇性訓練開始，在各種跳躍訓練、自行車訓練等，都比其他選手做了更多努力。除此之外，她還做了很多在前方帶頭引領比賽的練習。因為風的阻力，在前面引領的選手需要比在後面的選手多兩、三倍的體力。據說，她時常會抓住因為疲憊而無法動彈的腿進入終點線。倘若沒有努力增強體能，或者沒有這種堅定的心態，想要擺脫這種陰影重新參加滑冰比賽，恐怕很不容易。

將自我虐待當成懲罰的人

痛苦、難過的時候，一般人的反應是放棄並打消念頭。最近還有人會懲罰自己，認為自己是「沒出息的傢伙、能力不足的傢伙」，所以必須痛苦、挨罵，甚至會發展成傷害自己身體的行為。藉由傷害自己的身體，試圖將精神上的痛苦轉化成物理上的痛苦，或是以此調節情感。

自殘常常發生在青少年身上。他們說，若想要調節強烈的情緒，除了自殘，實在找不到其他的方法。在非常不安、悲傷或氣憤時，一旦自殘就會感到安心。據說，他們會乾脆在手臂或大腿製造痛覺，藉此暫時忘記內心的痛苦。

像這樣開始的自殘行為，會進一步成為表達情感的手段。因為內心現在非常痛苦，卻不擅長用語言表達出來，所以只能透過自殘發出「我已經痛苦到流血」的無聲信號。哪怕是用這種負面的方式發洩痛苦的心情，釋放出不受控制的情緒，在某種程度上也能幫助他們獲得控制感。因此，就算有一點情感上的不自在，也可能因為情感調節失敗、想表達情感、想獲得控制感等原因，越來越常做出自殘行為。除此之外，自殘有時也與自尊心低落、罪惡感、負面的自我認知有關，被當成自我懲罰的方法。

這種自我懲罰性的自殘是一種自我虐待。自我虐待經常發生在對於期待中的自己感到失望時，伴隨著自我處罰的心理出現。此時，如果沉浸在尋找「自己做不到的理由」，就會虐待自己。

而通常提到「虐待」時，我們很容易局限於物理、情緒上的暴力，但就算自己是充分可以獲得愛與幸福的存在，如果自己放棄了這個機會，這也算是一種虐待。自我虐待的人即便擁有可以保有自尊、感受到滿足感的機會，也會把這樣的機會讓給別人，因為他們認為這樣的選擇，比立即受到矚目和負擔更加穩定。

在諮商的過程中，我經常會遇到許多認為信任自己是一種自滿或空想的選手。當我詢問他們為何會這麼想的時候，他們會說：「我擔心自己有太大的夢想或過多的信任，以後會失望。」與其事後失望，乾脆從一開始就降低標準，只考慮可行的事並滿足於此。

「我不喜歡龍的尾巴，也不想成為蛇的頭。這個世界難道不需要蛇的身體和尾巴嗎？我想要過那樣的生活。」

一位把自己的臨界點放在「蛇尾」的選手，曾經對我這麼說。從我的角度看來，這句話聽起來就是在放棄成長。實際上，就像這位選手一樣，認為「因為我還在二軍」或是「因為我還是新人」並安於現狀的選手意外地常見。他們雖然擁有充分的資質，還是很習慣貶低自己，並將機會讓給其他人。他們為了眼前的心理穩定而選擇貶低自己。

不安之際，也不能忘記的事

很多人總是惋惜地說：「如果我當時不緊張，學測就會多得幾級分。」或是：「要不是因為太緊張，我面試才不會落榜。」

焦慮是每個人都會有的情緒。調節不安情緒的第一步，就是「接受」。只有接受自己覺得不安的事實，才能正確判斷自己的處境。假設現在正要面對重要的競爭報告，在競爭率為二十比一的報告中不感到緊張才奇怪；相比於競爭率是四比一的報告，感受到的負擔是五倍。

然而，不管競爭率是二十比一，還是四比一，如果緊張的水準相同，就會出現問題，因為這樣的人很有可能缺乏參加相關競爭報告的能力。就算幸運在競爭中獲勝，進行專案時也會備感壓力。正因為潛意識中知道自己的實力不足，所以不安感會更加放大。

儘管如此，如果想在競爭率為二十比一的報告中獲得好成績，就不能認為自己可能會落選。比起煩惱結果，更應該把焦點放在短時間內如何充分展現自己或所屬組織的能力，並盡最大的努力集中精神。

第二章

負面情緒爆表，仍能獲取佳績的祕訣

1 你是哪種類型的選手？

自我認同，讓重心不會動搖

你是什麼樣的人呢?當我詢問運動選手「你是什麼類型的選手」時，大部分人都會感到驚慌或緊張。根據大家對這個問題的回應，可以把選手分成幾種類型。

有些人會反問：「你想問的是什麼？」這種選手雖然順利適應了職業生涯，卻往往會在陷入低潮時，找不到解決方法，原因是他們尚未掌握「主觀核心」。主觀核心的意思是無論在任何情況下，都能掌握四周的氣氛，並說出最重要的話。換句話說，如果我問：「你是什麼樣的選手？」對方需要能根據當下的氣氛，選擇一個最合適的答案。無論對或錯，先找個答案回答，再根據對方的反應判斷下一步，或是延伸出新的回應。

因此，即使是錯誤的答案，自我邏輯明確的選手也很容易擺脫低潮狀態。因為他們可以準確掌握自己的想法在哪些部分出了問題。然而，缺乏正確邏輯的選手，很難掌握自己的想法是從哪裡開始出錯，所以會陷入悲傷的漩渦中、長時間掙扎。

第二種類型是回答「我想要長期從事這項運動，也想要廣為人知」的選手。比起對選手生活的煩惱，他們更關心成為選手後享受的人氣。我經常告訴這類選手，若成為明星選手，必須要忍受什麼樣的困難和痛苦。因為光靠模糊不清的憧憬，無法克服艱難且孤獨的選手生活。

第三種類型是有些唐突的選手。他們會理直氣壯地說：「我是 A 級選手。」但是，如果再更具體地詢問：「為什麼你是 A 級？」他們卻無法好好說明理由。他們往往表現出充滿自信，卻容易在一瞬間受挫的特點。反之，也有選手在新人選拔中獲選為第一名，卻稱自己是 C 級選手。不過，這些人之中，真正把自己當作 C 級選手的人卻很少，他們反而比自稱 A 級選手的人，更加巧妙地隱藏著一絲自滿。

最後一種類型是回答「我擅長轟出全壘打」或「我以速度取勝」的選手。他們懂得具體說明自己的優缺點。像這樣明確掌握自我認同的選手在遇到問題時，懂得如何輕鬆快速地解決。

當我和運動選手諮商時，大部分的時間都花在幫助他們找回自我。因為無論是練習或比賽，只有可以先回答對自己的認同，也就是「我是一個怎麼樣的選手」，才能發揮出自己的水準。

能明確意識到「自我認同」的選手，即使出現外在變數或收到負面回饋，重心也不會動搖到會影響比賽的程度。然而，無法做到這一點的選手，就很容易被小小的謠言擊垮。對自我的認同感可以扮演心理壁壘，甚至是根基的角色，在潛意識中提供「不崩潰的理由」。

不是選手的普通人又如何呢？對自己認同感的形塑，往往在青少年時期會特別活躍。就像是喜歡偶像歌手那樣，強烈愛著自己喜歡的東西，並且厭惡自己討厭的事物。這種正面、反面的信號也很明確。通常青少年會因為不知道該如何表達而關上房門、不和父母交談，不過在成年後，會變得更善於表達自己。成年之後，人們通常會根據學生時期的學業成績、自己所屬組織內部的評價、社會的認可與否等來定義自己。

現代社會必經的「角色衝突」

現代社會要求一個人扮演的角色太多了。在看似理所當然地要求發揮多重角色的社會中，我們經常會因為不知道該如何應對，而感到為難與不安。這在社會學術語中，被稱為「角色衝突」（role conflict）——一個人被要求扮演各式迥異的角色時，內心所經歷的混亂。

一位青少年足球國家代表出身且相當有潛力的前鋒，也陷入了這個陷阱。在飽受折磨後，他終於來找我諮商。這名不能專心於進攻，同時還要注意防守的球員，在進攻失敗時，並未試圖展開另一次進攻來挽回失敗，而是想要藉由防守推卸責任。我在面談時不斷向他強調前鋒的角色，因為當前鋒進攻時，最能體現自己的認同感並發揮力量。

觀察那些剛從業餘轉成職業的新進選手，會發現他們總是想把自己所有實力全部展現出來。對前鋒而言，透過進攻展現實力本來最自然不過了，但有時他們卻認為光靠這點還不夠；為了在教練面前表現得更好，選手們常會覺得必須展現其他方面的能力，而這種強迫性的心理狀態，在自信心低落時特別容易出現。

「擊球最重要的是時機，而投球就是破壞時機。」我很喜歡在美國職業棒球大聯盟創下史上最多勝績的左投手華倫．史潘（Warren Spahn）留下的這句話。因為這是正確洞察自己角色的一句話，很少有人能夠清楚定義自己的工作。

精神分析學家艾瑞克．艾瑞克森（Erik Erikson）將自我認同定義為一種涵蓋多種層次的多元概念，包括：對自己的自信和獨特的自覺意識、對人生持續性的潛意識需求，以及在社會和團體的影響下扎根並克服環境挑戰的自信等[4]。亦即，自我認同是對自己想要實現的目標及想要過的人生，提供原始能量的情緒母體。這樣的能量，難道不是我們為了能敏捷適應以分秒為單位變化的社會時，所需要的最佳價值嗎？

2 當你太害怕犯下錯誤

過度的擔心，只是對失敗的彩排

在比賽前一天因為睡不著而焦慮不安的選手，大部分成績都不太好。像這樣在比賽或考試前感到不安和焦躁的心理狀態，被稱為「演出焦慮」（performance anxiety）。他們會不安地說：「如果明天不能把平時練習的都展現出來怎麼辦？」、「如果在三個基本動作中出現一個失誤，金牌就會化為泡影。」這樣的選手一定會犯下失誤。

在比賽前一天晚上擔心出現各種失誤的行為，等於是在對失敗進行排練，也是在向失敗下咒語。

與其擔心失誤，不如換個角度來想想吧？假設滑冰選手在明天的比賽之前，因為怕自己會在冰上滑倒而感到焦慮。在冰上運動界有種說法，很多選手因為擔心滑倒，所以就算知道這只是傳聞，在賽前也不會吃香蕉、荷包蛋、海帶湯等質地滑溜溜的食物。這種時候，金雅朗選手會這麼想：「反過來說，因為賽場滑溜而讓速度變快，這不是一件好事嗎？我們冰上運動選手終究會有在冰上滑倒的時刻。如果我每次都賦予其負面意義，反倒會帶來壓力。但是如果能換個角度思考，反而能視為促使我們突破困境的轉機。」

另外，選手在重要的比賽前最常說的話之一就是「盡人事，聽天命」。這也是所有只為了爭奪金牌而拚命的選手，面臨決賽時經常想起的話。據說，在決賽前一晚，實際上將這句話銘記在心的選手經常會獲得金牌。只希望自己至今為止的努力可以完全發揮出來，而把其他的瑣事交給上天，所以在參賽時減輕了緊張。

也許有些人會說，在重要的事情即將來臨之際，如果認為那件事會成功，反而會搞砸。這些人認為只有帶著負面思考才會感到安心。因為已經想像過最壞的情況，不論結果如何，至少不會更糟糕。然而，在比賽前一天或當天給自己施加不好的咒語，可不能與這種情況混為一談。

「我總是會在賽前進行『我做得到』的自我喊話訓練。比賽結束後，無論結果好壞，我都會覺得『我做得到』。不論好壞，都要努力接受所有的結果。即便結果不理想，還有下次機會。不過，我還是會回顧比賽的過程，找出自己的不足之處。」正如金雅朗選手所說的，因為盡了最大努力，即使結果不理想，也應該接受它，並考慮下一步。

如果自認為盡了全力，卻依舊沒有獲得金牌，還需要懂得接受自己實力不足。這種態度和失敗者的自我安慰不同。當然，奪冠在某種程度上是因為運氣，但是這種運氣可以降臨在我身上，當然也可以在其他選手身上發揮效果。但是，如果陷入只期待好運並排斥壞運氣的壓力中，對奪勝的負擔就會加重。

有些選手在錯失金牌後，仍然可以用非常輕鬆的表情接受採訪。這種時刻，我們就會認可那位選手已經盡了全力。站在選手的立場，當然會對錯失金牌感到遺憾。不過，那顆全力以赴的心和金牌一樣珍貴。

「一切都會順利」的陷阱

絕大多數的人都會認為，自己比其他人更不可能經歷負面的事件。他們總覺得別人的不幸是有原因的，而自己絕對不會遇到那種事情。在心理學專有名詞中，這被稱為「樂觀偏誤」（optimism bias）。一個社會上的樂觀偏誤越強烈，越容易潛藏著更多不安。

「我覺得一切都會好起來，所有的事情都會順利解決。」

「現在做的事情應該會很順利。既然知道問題出在哪裡，應該會比以前好很多吧？」

我們應該把這兩個人中的哪一位視為更積極的人呢？通常，我們會認為像前者那樣說話的人是積極正面的人，而用像後者那樣方式說話的人，是膽小且被動的人。但是，這樣判斷真的正確嗎？

認為「一切都會好起來」並不完全是正面的態度。在現實中，即便已經知道不論何種狀況，事情也不可能百分之百完全順利進行，卻還是覺得一定會好轉，並且在能預測負面結果的情況下，毫無對策地應對。這與鴕鳥把頭埋進沙子中、期待獵人沒看到自己沒什麼兩樣。

即便事先想到了負面結果，卻光靠籠統的期待心理看待問題的人，不屬於積極正面的人，而是喜歡「一廂情願」（wishful thinking）。所謂的一廂情願指不依照客觀數據或現實，只按照自己的意願觀察問題的思考方式。偏好這種思考方式的人只會按照自我（ego）的意願認知問題，而不尋求任何對策。比一廂情願更加不切實際的思考方式，被稱為「魔術性思維」（magical thinking）。

我們身邊意外有很多人喜歡一廂情願或使用魔術性思維思考。最具代表性的類型是出現「狂躁」症狀的人。其實，只要是現代人，多多少少都會暴露在精神疾病的困擾中。我的身邊也有不少人因為情緒起伏過大，或是陷入憂鬱的泥淖而感到痛苦不堪。對每件事都抱持正面的態度，但是工作卻做得不好的人，容易陷入狂躁的狀態。

處於狂躁狀態時，會出現過度大方、自信增強、思維跳躍、過度妄想和睡眠欲望減少等變化。狂躁患者在情緒激動時，會認為世界上所有的事情都可以隨心所欲。因為自信增加，有時會做出比自己正常能力高出五倍或十倍的事；有時甚至會對工作上癮，連睡覺時間都覺得是浪費。但是，從實際結果來看並沒有取得什麼成果，因為思考的跳躍，會讓狂躁患者做出對結果沒有幫助的事。這是缺乏認知與分析現實的積極想法，所導致的結果。

所謂積極，就是言行一致

那麼，什麼樣的人是積極的人呢？就是言行一致的人。我們時常輕易對別人說：「如果是你，一定做得到。」然而，面對自己的問題，就連少抽一根菸也很困難。大部分的人在實踐面前會變得無比渺小。把今天該做的事推到明天，甚至再繼續拖到後天。尤其，完美主義者的實踐能力較弱，因為他們覺得必須一次就取得完美的成果。

金雅朗選手經常掛在嘴上的話，是「沒辦法」、「還可以怎麼辦？只能接受了」、「沒辦法，只能去做了」等。這是在暗示自己要接受現實。觀察一下身邊的人吧！當自己真正想要達成的事沒有做好時，反應大致可以分成兩種。有些人會說：「沒辦法，只能接受。」也有人會說：「為什麼不行呢？」並且非找到理由不可。

然而，很多人在開始尋找理由後，找到的不是正確答案，而是錯誤的解答，並且為此傷心，最後用「一定是有人妨礙我」的想法埋怨他人，這種態度並不好。首先，我們必須接受結果再尋找原因，這樣才能找到正確答案。如果不先接受現實中的正確答案，也就是結果，就算再怎麼繼續尋找正確答案，最後找到的也只是脫離現實的東西。這麼做只會讓我們離正確答案越來越遠。

擁有積極想法的人在心理上和物理上都比較從容，他們懂得冷靜看待情況，就算處於對自己有利的情況，也會努力站在客觀的角度上看待。他們能夠正確掌握應該多學些什麼，以及為此應該多著力在哪些部分。

另外，越是抱著積極想法的人，越擅長稱讚別人。即使是平常印象不好的隊友，積極的選手也會在賽場上給予稱讚和支持。尤其，獲選國家代表隊等精英隊伍的經歷越多的選手，這種傾向就越明顯。他們很清楚：如果自己不吝於稱讚夥伴，總有一天夥伴也會稱讚自己。

以下是金雅朗選手的經驗：

> 有一次在國家代表隊選拔賽時，發生了這樣的事情。我的腦海中突然冒出「感覺真的要死了。我真的要這麼拚命嗎？好想活得舒服一點」的想法。不過，到了比賽現場一看，比我年紀大的前輩已經早我一步抵達了。於是，我心想：「我已經覺得很累了，那位姊姊年紀比我大，應該覺得更累，她卻還是這麼早到。」
>
> 我問那位前輩：「姊，難道你不累嗎？」她則回答：「累啊！」那瞬間我脫口而出：「我真的累得要死。我是以姊姊為榜樣才撐到現在的。」當時我的想法確實是那樣，告訴自己：「好吧，姊姊都做到了，我也要努力去做！」後來聽說，那位前輩聽了我的話之後，自己也有了力量。

國家代表隊選拔賽比我們想像的還要激烈。短道競速滑冰在第一次選拔賽後會休息一天，緊接著進行第二次選拔賽。因為項目眾多，所以每天要參加二十二場以上的比賽。

一場比賽結束後，只能在整理冰面的時候，休息十分鐘左右，所以很多時候連整理冰刀的時間都沒有。選手常常連坐下來休息都不敢，吃完一根能量棒就必須回到賽場上。

與其他項目一樣，金雅朗選手也是從小就經歷了激烈的競爭。就算選手之間都想要好好相處，大家仍把彼此當成競爭對手並互相警惕，所以很難敞開心扉。以短道競速滑冰為例，除了個人賽之外，也有團體賽，因此會反覆出現從競爭對手變成隊友，又重新成為競爭對手的情況。

在這種狀況下，只把對方當作競爭對手、一律保持警戒不是一件好事。金雅朗選手曾經這麼說：「從某個角度來說，『競爭』代表有可以一起前進的人，所以有時也會成為力量。如果一個人前進，可能會不知道現在走的這條路對不對，但是有人一起走的話，就可以知道這條路走起來雖然艱辛，但是有多麼了不起。」帶著這種心態，即便是處於競爭關係的夥伴，也會給予彼此支持與稱讚。

錯誤的樂觀論，反而成了絆腳石

在職業棒球或足球界，有「兩年魔咒」這種說法。這是指在成為職業球員第一年表現出卓越實力、並乘勝追擊的選手，會在第二年無法正常發揮實力。在這種情況下，球迷和教練會責怪選手過於自滿而不練習，精神也不如頭一年堅定。然而，實際上有很多情況恰好相反。

在第一年獲得新人王獎項，或展現出接近該水準實力的選手，常常會在第二年抱持著「要做得更好」的欲望。然而，短短一年間可以使用的能量絕對是有限的，在賽季結束後，應該要擺脫身體與精神上的壓力充分休息。但是大部分的新人選手做不到這一點。因為想要比第一年做得更好、創下更好的紀錄，他們選擇不休息而持續練習。這些選手陷入了「第一年就有這麼好的成績，今年只要加倍努力，就可以更上一層樓」的樂觀論。然而，過度的練習會導致體力枯竭，反而成為取得佳績的絆腳石。

陷入樂觀論的選手，總是被「必須成為頂尖」的想法所束縛。精英選手則和他們不同。他們認為自己很完美，並且在比賽之前，為了集中精神，會保留一段時間與自己獨處。在這段時間裡，他們會透過整理身邊的環境，或是進行暖身練習等方法緩解緊張。在體育界，那〇・一%的專注力，就是決定選手本事的氣壓計。

人類的大腦會用事先計算好的線索（cue），快速處理被賦予的工作。有時，為了這些工作，線索會為我們指出另一條道路。這裡的線索代表起點。想像一下跑步的時候吧！當我們跑步時，通常會稍微彎腰，將右手抬到肚子的高度，左手則保持在臀部以下，這個動作就是跑步的起點。接著，在腿部感覺應該要開始做出動作之前，身體已經向終點疾速衝刺了。一個抬起手臂的準備動作，帶動了整具身體前進。

熟悉這種習慣的選手會迅速採取自己想要的行動，並累積實力成為精英。在日常生活中也是如此，為了提前計畫並按照計畫行動，需要擁有自己獨有的整理、整頓和進行比賽的意識，而這樣的意識，將成為提高正式比賽成績的槓桿。

戰勝緊張與焦躁的方法

花式滑冰女王金妍兒、水中男孩朴泰桓、終結者吳升桓（按：韓國棒球選手）的共同點就是擁有「強大的精神力」。金妍兒與同齡的對手淺田真央展開宿命的競爭，並在二〇一〇年溫哥華冬奧以史上最高分贏得金牌；朴泰桓在二〇〇八年北京奧運，打敗了三名實力強勁的對手，成為首位在四百公尺游泳項目上奪冠的東方面孔；曾是最佳終結投手的吳升桓克服一年的因傷缺賽，登上東亞救援局數最多的救援王寶座。這些超越自己極限的選手，非常清楚如何擺脫前面提過的演出焦慮。

如果站在學術角度來說明運動選手的強大精神，那就是如何擺脫演出焦慮，並且以驚人的專注力完美發揮自己本事的能力。強大的精神取決於「資質」和「情況」。這意味著強大的精神在一定程度上是天生的，同時也可以透過系統性的訓練打造而成。前面提到的選手在資質和狀況方面，都擁有非常優秀的強韌精神。

那麼，為了戰勝不安，並擁有強大的精神力，我們應該付出怎樣的努力？

首先，具有一貫性的環境很重要。精神力是透過對自己的信任和有系統的訓練培養出來的。不被觀眾的指責和期待或媒體的雙重態度等身邊狀況動搖的強大信念，最初在與父母的關係中形成；如果父母從小就對孩子發生的大大小小變化很敏感並為此動搖，孩子也會很容易感到不安。

優秀的運動選手背後，有著在物質和精神上給予支持的優秀父母。當子女在比賽中沒有取得好成績時，他們也會展現出不變的愛。因為他們知道這種一貫的態度，有助於維持狀態。對教練團隊信任度越高的選手，比賽成績通常越好，也是出於同樣的原因。如果教練團隊的態度經常動搖，選手們也會陷入不安。

其次，要接受緊張。我們應該接受自己覺得緊張的事實，並且尋找減少緊張的方法。過度緊張會引發疾病，不過輕微的緊張則會發揮正面的作用。根據心理學學術期刊《情緒》（*Emotion*）刊登的研究論文，當個體面對的是可承受範圍內的威脅時，有助於提升其調節表現能力，而伴隨而來的焦慮會加強對威脅的警覺，有助於集中注意力[5]。此發現支持了適當增加情境焦慮心理（state anxiety），在競爭的情況下可以提高執行能力的假設。

參加比賽的選手在面對八強賽、四強賽，以及準決賽時的緊張程度不一而足。在這種情況下，選手應該接受緊張的情緒，並且找到符合自己不安水準的適當解決對策。如此一來才能取得好成績。

第三，要能夠因應變數。通常，變數來自外在環境，所以人們很容易認為自己沒有控制權。不過，可以預測的變數則要靠自己的力量進行管理。對於變數做好徹底的準備，可以培養對自己的信任。射箭選手經常在噪音環境中練習射箭，就是為了適應各種情況，因為噪音會對比賽成績產生相當大的影響。

為了擁有強韌精神而努力的一系列過程，與開發自己的強項一脈相承。《發現我的天材》（*Now, Discover Your Strengths*）的作者馬克斯・巴金漢（Marcus Buckingham）將優點定義成：將一件事一貫處理到近乎完美的能力[6]。

在任何環境下都可以展現出一貫的實力，代表這個人持續在這件事下了許多功夫。打了一百次球的人和打十次球的人比賽，獲勝機率很高是理所當然的事。不過，這並非單純因為練習量和實力，而是打過一百次球的人有更多開發自己優勢的機會。他們甚至準備好了面對危機時該如何克服的方案。

鑑賞藝術是知道得越多，能看見的細節越多，而比賽是知道得越多，準備就能越加充分。這個道理不僅限於運動選手。**沒有實力就沒有強悍的精神，擁有強悍精神之人的特點之一，就是高度相信自己可以充分發揮能力**，而且這和「毫無根據的自信」有著天差地別。擁有強大精神的選手即使陷入低潮，也可以馬上恢復。因為他們能夠接受失誤或汙點，這種自我接納（self-acceptance）的力量往往也很強大。

3 壓力大到喘不過氣的時候

受制於評價的人們

有一位曾受到眾人熱烈關注，並轉籍到其他球隊的棒球選手。然而，自從他轉隊後，就再也不曾表現出媲美過往水準的技術。從前不管面對任何危機，都可以毫不動搖地投出好球的投手，如今在新的球隊，明顯可以看出他緊張的樣子。有人認為，主要的原因是他還沒適應已經改變的環境。

在這個時候，我開始和這位選手進行諮商。因為必須在新的球隊有一番作為的負擔，讓他沒能正確認知到現實。比起現在的成績，他更關心未來的評價，但是比起六個月後、一年後，新球隊更希望他立刻發揮應有的實力。然而，明明只要按照一直以來的方式展現出實力就好了，他卻把事情想得過於複雜。

許多選手會執著於自己往後的評價，要求自己未來展現出比現在更佳的樣貌。但問題是，這種執著會讓人下意識否定現在呈現的模樣。因此，我們需要懂得接受現在表現得很好的自己，並且保持穩定此種狀態的態度。這就是所謂的「自信」。

有些人會把自信和自滿混為一談。但是，我們必須把這兩者區分開來。自滿是接受現在的樣貌，但是不想發展或改變未來的自己，只想維持現狀。

舉例來說，有一位天生就擁有打擊實力的棒球選手。在他的眼中，球彷彿和西瓜一樣大，只要揮動球棒，十之八九都可以擊出安打。然而，被其他球隊相中的他，卻不知道從什麼時候開始消失在賽場上。他到底發生了什麼事？

包括打擊教練在內的教練團，平常都會勸他進行重量訓練。因為擔心他在夏天時，萬一體力下降，擊球速度會變慢。但是，儘管教練團一再苦口婆心勸說，對自己的實力無比自豪的他，還是疏忽了重量訓練。在沒有比賽的時候，因為想要休息，他抱怨著各種不滿，並偷偷缺席各項練習。

後來，一到盛夏酷暑肆虐時，他的體力急遽下降，打擊率也開始變差。雪上加霜的是，在賽季即將結束之際，他還受了傷。沉溺於自滿的他，從此無緣出現在賽場上。

如何不受周遭視線與評價動搖？

有時候，我們會非常在意身邊的人對自己的評價。而且，比起做得好的時候，做得不好或實力不如從前的時候更是如此。運動選手在比賽中發生失誤或成績不佳時，會對媒體的評價變得相當敏感。偶爾還會偷偷翻看不想看的新聞，結果導致自己內心受傷。承受觀眾赤裸裸的辱罵或來自粉絲的嚴厲目光時，總覺得自己是個大逆不道的罪人。

金雅朗選手也有類似的經歷。她說：「大家好像都不喜歡我，感覺他們都期待看我的笑話。」從貶低她出身地區的留言，到要她「走著瞧」的話，再到只要成績稍微不如預期，就會出現的「我就知道會那樣」的馬後炮，惡意留言實在非常多。甚至還有人會臆測她從未說過的話、不曾做過的事，然後留下惡意留言的情況。金雅朗選手這麼回應：「感覺好像在心上插了一把匕首。雖然我故作堅強，不過真的很受傷。」

如果因此受到傷害，肯定會不禁認為：「原來這就是我的真實面貌！我的程度只有這樣而已。」讓人容易感到挫折。長期持續這種負面情緒並不好，所以要盡快擺脫。

我會建議對自己有負面情緒的選手，多和親近的隊友或教練進行對話。即使不說明自身情況，他們也明白這位選手為何覺得疲累，或是因為什麼事感到傷心。一些無法和家人或朋友分享的事，也可以毫無隱瞞地吐露出來。像這樣傾吐心聲後，選手本身能得到安慰，同時也可以整理好情感。

金雅朗選手因惡意留言而感到傷心時，我對她說的並不是「沒關係」、「那則惡意留言是假的」、「你不可能會這樣」等安慰。我們談論的重點，一直放在她對於自己當下的身體狀態和實力的感覺，以及因應未來的準備過程。我們把別人所評價的「看似合理但其實扭曲」的形象，轉換為「完全了解真實自我的自己」所下的評價。這麼一來，觀點發生了轉變，變成是「客觀的我」在評估自己的狀態，使得自己的判斷成為核心，而他人的批評只是附加的聲音。而且，那些附加的內容之中，有一定道理的忠言，則成了能夠當成回饋的訊號。

結果，金雅朗選手現在對惡意留言不再那麼在意了。「好像變得更堅強了。大家常說：『惡意留言也是一種關心。』現在從某種角度來看，其他人的負面評價和視線，對我來說也是一種關心和支持。他們支持我、並對我抱有期待，而我卻沒有取得好成績時，這些惡意留言有可能是源於傷心的情緒。」現在的她，可以專注在自己應該做的事和想做的事。

如果對自己有嚴重的負面情緒，此時就必須思考：自己對於他人的評價是否過於敏感？此種類型的人對於自己犯下的任何錯誤或失誤，都會展現過度敏感的反應。

一位在證券公司擔任分析師的朋友，他業績好到曾一度被選為最佳分析師而過得如魚得水，卻在股價下跌時因勉強製作投資報表，使投資者蒙受巨大損失。一次的失敗成了致命的打擊，他因而躲藏了將近一年，逃避與身邊的人對話。不過，這種封閉的態度根本解決不了任何問題。越是畏縮，情況只會越變越糟。

客觀檢視自己的必要性

知名運動選手經常成為他人的憧憬或競爭對象，在不斷被觀察的同時，也成為眾人話題的中心。成為某人的關注對象，對選手而言是件既不自在又令人緊張的事。因此，選手們有時會因為過度執著於他人的評價，而喪失原本的自我。此時，最好由自己評價自己，同時退後一步，客觀地審視自己。

好幾位美國職棒大聯盟的選手，經常在運動心理醫生的幫助下進行自我評價。著名選手在回答下頁【表一】的自我評鑑項目時，會客觀地評價自己。比賽時表現良好，並且用正面眼光看待自己的選手，總分通常越低；而在陷入低潮或心裡沒有一絲從容的情況下，

【表一】大聯盟選手的自我評鑑

狀況	不在意 ⟷ 非常在意					
主審做出裁決的時候	1	2	3	4	5	6	7
遭受教練工作人員不當對待	1	2	3	4	5	6	7
擔任救援選手參與比賽的時候	1	2	3	4	5	6	7
負傷痊癒的時候	1	2	3	4	5	6	7
連輸的時候	1	2	3	4	5	6	7
隊員失誤的時候	1	2	3	4	5	6	7
進場觀賽觀眾人數眾多的時候	1	2	3	4	5	6	7
收到警告的時候	1	2	3	4	5	6	7
在比賽中被換下場的時候	1	2	3	4	5	6	7
得分的時候	1	2	3	4	5	6	7
失分的時候	1	2	3	4	5	6	7
參與大型賽事的時候	1	2	3	4	5	6	7
體力耗竭的時候	1	2	3	4	5	6	7

【表二】上班族的自我評鑑表

狀況	不在意 ⟷ 非常在意						
接受上司評鑑的時候	1	2	3	4	5	6	7
受到上司不當對待的時候	1	2	3	4	5	6	7
工作一直不順的時候	1	2	3	4	5	6	7
失誤的時候	1	2	3	4	5	6	7
組員失誤的時候	1	2	3	4	5	6	7
在公司被警告的時候	1	2	3	4	5	6	7
被責備的時候	1	2	3	4	5	6	7
被稱讚的時候	1	2	3	4	5	6	7
發表重要報告的時候	1	2	3	4	5	6	7
工作量繁重的時候	1	2	3	4	5	6	7
被拿來和其他同事比較的時候	1	2	3	4	5	6	7

總分反而越高。像這樣親自確認並檢查自己，就可以具體知道在哪些部分需要改善實力。

不是選手的普通人也可以依照【表二】的自我評鑑項目，對自己進行評價。同樣根據總分，可以客觀看出是否用正面的目光看待自己。

我們熟悉像是「不是完美就是無能」、「不是主角就是隨從」等兩極的評價。完美的父親vs.差勁的父親、完美的學生vs.差勁的學生、完美的部長vs.差勁的部長。這種極端的評價令人感到窒息。這個世界上不是只有兔子和烏龜，可是人們總是使用二分法作為標準。

在諮商的過程中，大多數人都會發現自己其實符合一、兩項自我評鑑上的項目。此時，無法滿足該評鑑項目的人經常會自我貶低，進而患上壓力疾病或憂鬱症。然而，在很多情況下，該評鑑項目並不明確，甚至可說是相當模糊。

當諮商進行到一定的程度後，當事人會開始對自己變得誠實。這代表他們的心態產生了一定的餘裕。通常我會把握這個機會，幫助諮商者穿梭於自己渴望的兔子和不想要的烏龜之間，發現自己的真實面貌。

認識自己的真實樣貌是件需要時間、伴隨著痛苦的事。但是，只有正確看待自己，自我認同才不會動搖。面對以指責為目的的干預，應該大方應對，傾聽有理的忠告。

有些人對他人的批評過於敏感，也有些人害怕承認自己有錯，把他人真心的忠告當耳邊風。無論是因他人評價而承受過大壓力的人，還是完全不聽他人意見、固執己見的人，本質上其實是一樣的。若想找回自我認同，就必須擺脫這樣的態度，直視自己原有的面貌並坦誠相待。

正確認知現實，能強化自我認同

認知現實，從審視並接受「現在、此處」之問題的態度開始。我相信認知現實是確立自我認同的核心。因此，在與選手面談時，我也很重視現在發生的問題。比起「過去的某件事讓現在的我變成這樣」的說法，我喜歡以「現在的我很痛苦」或「現在的我很開心」當成心理治療的出發點。

有現實感，才能穩固自我認同。對此，精神分析學家艾瑞克森留下了重要線索。根據他的說法，大部分人對自己都有「我希望自己是這樣的人」的理想自我形象。但是，理想的自我形象通常必定與實際的自我形象相悖。

實際的自我形象和理想的自我形象之間相差越大，我們就越容易感到混亂。艾瑞克森將這種現象定義為「自我認同危機」（identity crisis）[7]。

我們在青少年時期經歷認同混亂，透過認知到自己的極限與實際能力，最後找到穩定的自我認同。然而，有很多人在青少年時期並沒有經歷過混亂，就直接以理想的自我形象落地生根並成長茁壯。理想的自我形象不僅會發展成過度的自我意識，還會讓人不願意承認自己的現實和極限。

這樣一來，我們很難根據自己的現狀和位置來為未來做準備。一心只想著「我應該是這麼了不起的人，為什麼世界不這麼對待我呢？」、「我應該站在那個明星選手的位置，為什麼被別人取代了呢？」而感到痛苦，並且白白浪費時間。

偶爾有些選手即便長年坐板凳，也不願意轉籍到二軍隊伍。對他們來說，一軍隊伍的隊服是他們心中理想的自我形象，因此絕對不能放棄。這樣的選手會對每件事感到不安。

很難擁有正確自我認同的原因之一，就是必須做出放棄理想自我的艱難選擇。不過，這樣的過程並不是在放棄理想自我，而應該視為「獲得的過程」。即使現在的自尊心受到傷害，也要轉移到可以多參加比賽的球隊，藉此累積實力後，再回到一軍隊伍，才能取得更好的成績。

在青少年時期，我一直想問的問題之一就是：「人為何而活？」我把這個問題大大寫在紙上並貼在書桌前，為此感到非常苦惱。某天，有人在那張紙的一角寫下了這樣的話：「為了知道為什麼活著而活。」那是曾經有過相同的苦惱、直到那一刻還尚未得到答案的我父親，所寫下的回應。

沒錯。對於人生的根本性問題，怎麼可能有人能給出一個簡單清楚的答案?就連我們熟知的諸位聖人君子，也無法完全掌握自己的認同感。人類只是在無數次提問和尋找答案的過程中，逐漸確認、領悟自我認同的存在。

4 明明已經努力去做，卻還是沒有成果

成果與專注力的關聯

「做事情容易一開始衝太快，最後卻收不了尾。」

「很難按照最初的決心走到最後。」

「中途總是分心，冒出別的想法。」

這些是飽受注意力不集中之苦的人經常說的話。在這種情況下，嚴格來說並不是無法專注在一件事上，而是缺乏同時做多項工作的多重處理能力。

另外，專注力和興趣也要區別開來。專注力高的人就算從事自己喜歡或想做的事，也就是自己感興趣的事，也懂得同時充分思考當下應該做的事。然而，注意力不集中的人只會沉迷於自己喜歡的事，而無法進行其他要務。

雖然在別人看來似乎很努力，但如果不能取得成果，就有可能是專注力不足。如果這種情況持續下去，對自己的信任也會下降，很容易覺得自己是個「做了也不會成功的人」。缺乏專注力，會形成讓行動退縮的惡性循環。

大家都認同，專注力是一種對創造成果非常有幫助的能力。但假如你只把專注力用在提升效率上，也就是只關注「如何在同樣的時間內做更多事」，那麼最終會遇到限制。這個限制來自「為什麼」這個問題——而這個「為什麼」，指的正是目標本身。

在運動競技的世界裡，選手們總是努力想讓自己變得比現在更快、更強、更有耐力，以提升自己的表現。在這個過程中，他們不再只是單純地為了提升某一項能力而訓練專注力，而是更進一步思考：自己的目標是什麼？以及目標達成後，會為自己帶來什麼好處或收穫？

換句話說，他們不只是專注於當下的表現，更是同時思考未來與下一個目標，使用的是一種「多工型的專注力」。這正是所謂的「效果性」——能夠產生實質成果的有效表現能力。也就是說，當「補償」與「成果」等要素被加入後所提升的表現力，我們可以稱之為效果性。

專注力與補償有著密切的關係。注意力不集中的人，如果過了很久才給予補償，就覺得受不了。對於自己做出的行動，必須立即得到補償，才會願意繼續做下去，否則就無法堅持到底。

要想完成一項運動的執行能力，需要基礎作業（培養體力與體格），以及在基礎作業上累積技術的過程。但是，注意力不集中的人在基礎作業時，就會感到疲憊不堪。也就是還沒進行技術訓練，在培養體力和體格時就放棄了。

觀察長期運動的選手，可以發現他們都能堅持反覆的基礎作業和技術累積。即使中間出現了「受傷」這項變數，導致基礎作業的時間再延長幾倍，但最終還是會完成目標。這不僅是因為他們的穩定性高，更是因為它們懂得思考前面提到的目標、利益、結果、延遲補償等，也就是多工型的專注力很強。

從旁觀察金雅朗選手十餘年的我認為，金雅朗選手擁有強大的多工型專注力。舉例來說，雖然因為「受傷」這項變數而正在復健，但是她很清楚現在的復健對參加下一屆奧運，乃至想要長期運動的目標有幫助，因此得以咬牙撐過了艱難的療程。

讓重複不斷的練習變得有意義

某次跟著由我擔任心理主治醫生的球隊進行移地訓練時，我見到了美國職棒大聯盟的長打者——老肯・葛瑞菲（Ken Griffey, Sr.）。當時，他受到某支球隊的短期委任，擔任管理球隊和選手的教練。我問他：「你怎麼能不管遇到什麼球都打得那麼好？」葛瑞菲的回答意外簡單——就是要不斷準備。

據說，他剛對打擊抱持自信的時候，曾經因為對方投出從未見過的球而感到驚慌失措。「我在初次遇到最近常見的滑球（快速飛來後，向打者的左側彎曲）時，球棒連一次都沒能揮出去。直到那天晚上睡覺前，我對滑球進行了一次又一次的分析。之後，在下一場比賽中，我遇到同一位投手，這次卻打出了兩次安打。在球彎曲之前，我直接打中球的前側。」

像葛瑞菲一樣，能夠成功解決某個問題的自我信念，或是對自身能力的信任，被稱為「自我效能」（self-efficacy）。自我效能往往伴隨著「自我確信」。所謂自我確信，指的是相信現在正處於往良好結果前進的過程中。

並不是張口喊喊「我做得到」就可以產生自我確信。**只有透過專注的練習，並且在實**

戰中將這些練習轉化為成果時，才能自然而然地建立起堅不可摧的自我效能。曾在實戰中獲得正面回饋的人，往往難以忘記那份寶貴的經驗。

以棒球為例。打者在練習打擊時，可以擊出無數顆球。但是，即使進行相同的訓練，明星選手和普通選手在結果上仍會有很大的差異。

例如，明星選手在發球機投出球時，會記住球的旋轉方向、投出的角度等。換句話說，他們會有意識地記住朝自己飛來的球是怎麼旋轉，並反覆進行準確擊球的訓練。如此一來，即使沒有意識到球的變化，身體也會自動做出反應。

球從離開投手的手套，到被捕手的手套接住，需要的時間約為〇．四秒。打者從意識到球離開投手指尖，到大腦下達「擊球」的指令為止，需要〇．二五秒左右，而揮棒則需要〇．一五秒左右。從看到球飛過來到揮棒，一共需要〇．四秒，所以如果猶豫不決，將錯失打擊的物理時間。

此時，如果運用以專注力訓練的內在記憶，就不用考慮球種的區別和球是否會落入好球帶。因為在球飛過來的瞬間，可以藉由有意識反覆訓練而累積的內在記憶，讓身體自主地做出動作。這種自動反應提高了我們對自己的信任。

之所以用「名不虛傳」形容明星選手，是因為他們在關鍵時刻，可以做出與其名聲相符的舉動。他們比一般選手擁有更高的自我效能。在承受高度心理壓力的瞬間，也不會放棄自我信任，並且可以展現出自己的實力。也就是說，他們具備身體和精神上的能力。

自我效能較高的選手，就算是因為失誤而導致的不利情況，也可以迅速扭轉。像這樣，產生的自信會讓自動反應更快，而快速的反應又能夠提高自信，最後形成良性循環。

毫無意義的反覆只是在自我虐待。我們應該建立一個能夠提升內在記憶、有效運用重複訓練的正向循環機制。特別是職業選手，更不能懈怠這樣的練習。如果在比賽中曾因對手突如其來的攻擊而陷入困境，就應該記住那個瞬間，並準備好相應的應對技巧。

為此，需要養成記筆記的習慣。準備好一本筆記本，只要有空就把當下腦中浮現的想法記錄下來，並且在必要時打開來看看，就會有很大的幫助。

實際上，金雅朗選手經常記筆記。她的筆記裡包括了自己的錯誤，並且以此為基礎，在練習時制定具體目標，努力減少失誤率。人不可能不犯錯，只不過，反覆犯下同樣的錯誤，我認為這展現出的是實力；而減少失誤，就是在提高實力。

舉例來說，如果在這次比賽中，我的失誤是被其他選手從內道超越，那麼就記錄下來

「不要空出內道」。「只在腦海中思考失誤和用筆記記錄、整理並謹記在心，確實會變得不一樣。我把自己寫的東西設定成手機的背景畫面，不只是吃飯的時候，只要想到就會隨時拿出來看。有一段時間我很常騰出內道，不過用了這種方法之後，身體居然不知不覺地擋住了內道。」像這樣記錄失誤的習慣，不僅是運動選手，對一般人也有很大的幫助。

很多人希望可以在安靜的地方埋頭只做一件事，但是，運動選手在比賽或上班族在工作時，往往沒有如此安靜的環境。反之，我們更可能必須在完全相反的情況下完成各項業務。

那麼，要想在進行各種工作的忙碌環境中取得成果，應該怎麼做呢？必須同時運用「時間軌道」和「順序軌道」。只有這樣，已經結束的工作、中間插入的工作及正在收尾階段的工作，才能夠緊密運作。

同時，不要忘記，根據每個人的身體節奏或生活週期，專注力較高的時間段也不一樣。要好好把握展現最佳狀態的黃金時間（prime time），並用這段時間來鍛鍊不足或重要的部分，這也是為何很多成功選手會明確定下練習時段。雖然所有人每天都有二十四小時，但是在這二十四小時內磨練核心能力的人卻少之又少。那些在自己的領域獲得成功的人，不會將黃金時間讓給任何人。

打造自己的例行公事

美國職籃的傳奇明星麥克・喬丹（Michael Jordan）曾在所屬球隊芝加哥公牛隊的隊服內，穿上自己母校北卡羅來納大學的紅色隊服。曾是英超曼城隊中後衛的科洛・圖雷（Kolo Touré），則習慣在其他球員全部進入賽場後，自己再最後進場。據說，這樣一來當天的比賽會非常順利。

當比賽進行得越不順利，選手就越會依賴不科學的魔咒。例如，高爾夫球的變數比其他運動項目更多。因此，即使是練習得再多的高爾夫選手，也會在意當天的比賽環境，並抱著僥倖心理。在抱著僥倖心理的瞬間，為選手帶來信任的是魔咒。魔咒是為了防止失敗而在最後製造出來的僥倖。像是從首次奪冠到賽季結束，都會穿相同的襪子、在五桿洞一定要穿紅色 T 恤，或是在困難的沙坑，球僮要把球桿倒過來遞才能順利逃出沙坑等，制定出屬於自己的例行公式。如果經常比賽，也會遇到這種魔咒發揮力量的情況。此時，魔咒對選手來說，簡直等同一種信仰。

運動心理學家對於這種盲目相信魔咒的行為提出警告，因為不合理的僥倖心理，反而會對選手造成傷害。就像把幸運寄託在魔咒上一樣，我們常常依靠迷信，希望獲得超出自己實力所及的結果。然而，期待越大，對失敗的恐懼就越大，失敗的機率也會越高，最後就會陷入低潮。

最大的問題是把魔咒當成藉口來掩蓋真相。「因為我刮了鬍子，所以輸掉了比賽。」、「如果在比賽時，我沒有踩到地上的線，就不會出現這樣的失誤。」儘管拚命辯解，這卻不是真相。無法獲得好成績是因為實力不足，或是執著在錯誤的地方。

與魔咒相似，卻更加有系統且合理的行動被稱為「例行公事」（routine）。例行公事指的是為了實行特定工作，而習慣性進行的一系列過程，可能涵蓋這過程的部分或全部。在球類競技中，不僅是投球的行為，而是包括從投球之前的動作到投球的一舉一動，都被定義為「執行」的一部分。由此可見，例行公事就是提高運動效果的準備工作。

例如，高爾夫選手在開球前走到球的後方決定好目標，並且揮動兩次球桿，藉此放鬆手腕的無意識行為；或是在進入沙坑之前，有時會彎下膝蓋放鬆腿部，這些都是例行公事。每位選手的例行公事不同，可能是在球的後方空揮桿、觀察目標指針（旗桿）的行為、深呼吸等，這些也都屬於例行公事。

例行公事與魔咒乍看之下相似，實際上卻完全不同。有別於讓比賽或擊球穩定進行的例行公事，魔咒會讓表現變得不規則且不穩定。因此，運動心理學家建議選手在比賽感到不安之際，可以嘗試利用例行公事。因為這在練習時可以提高專注力，而養成習慣後，還可以提高分數。像是可以做揮桿或伸展運動，當成賽前練習。

例行公事的關鍵是保持一致性。一位實力起伏不定的選手，即使今天展現了最佳狀態，也不會被過度看重，因為隔天可能就會表現得非常糟。這是因為能夠發揮最佳實力的例行程序，尚未深深扎根於選手身上。真正有實力的人會透過強化自己的例行程序，來穩定創造出無法撼動的成果。

成功者會做的例行公事

成功的人懂得如何利用例行公事。為了執行而做的例行公事由技術、運動神經等行動因素及自信、肯定、內在意象（internal imagery）等認知因素組成。由於運動選手們用身體感覺進行比賽，所以行動因素比較突出，但是在比賽中認知因素仍非常重要。認知因素以

「確信自己可以做到」和「認知目標的能力」發揮了支配行動的作用。

英國維珍集團（Virgin Group）總裁理查・布蘭森（Richard Branson）是認知因素中內在思想的具體化人物。他的著作《管他的，就去做吧！》（*Screw It, Let's Do It*）中甚至建議：「如果想成為飛機駕駛員，就先在機場賣咖啡吧！」一旦確定目標，直到實現為止，都要專注在那個目標上。布蘭森的例行公事是，如果有想做的事，就加強「先試試看」的內在想法，然後立即付諸行動。

雖然「先試試看」的口號感覺似乎沒什麼大不了，卻可以阻止我們把今天要做的事拖到明天、創造不該做某件事的理由，最終加快實現目標的速度。布蘭森經歷了多次的成功和失敗，完成了屬於自己的例行公事。即使沒有意識到結果，例行公事也讓他取得了成功。

金雅朗選手進入比賽場地後，會大口深呼吸、重新整理一次比賽裝備，最後觸摸冰面，這些都是她的例行公事。此外，她在比賽前還會反覆播放快節奏的歌曲、喝美式咖啡、畫十字祈禱（像是：請保佑我可以享受這個舞臺吧！）等。即使在陌生的環境下，只要安排好自己的例行公事，就會覺得那裡和平常自己所在的地方沒有什麼不同，緊張自然就會緩解，專注力也會跟著提高。在制定這樣的例行公事之前，也會發生試錯。結果就是在任何情況下，都可以制定出自己能夠最大限度控制的例行公事。而且，金選手在比賽前總是這樣對自己說：「我做得到。」

包括金雅朗在內，很多選手在重要演出之前，會反覆告訴自己：「我做得到。」很少有選手會在比賽時，嘗試在練習時失敗過的技巧。精英選手會在比賽時嘗試練習時成功過的技巧。換句話說，他們會嘗試已經成功過、而且現在只要照做就可以成功的技巧。這種以成功開始的訊號就是例行公事，而最常見的訊號就是「我做得到」。

例行公事的特色就是：向大腦發出下一個行動的重要訊號，發揮提前準備的作用。如果好好利用這種例行公事，將會對實現目標有很大的幫助。

5 因為太過緊張，而無法好好發揮實力

把目標細分成「小單位」執行

有些選手雖然擁有足夠的實力，在比賽中卻無法展現出應有的水準。這都是因為緊張和不安。

在與多位教練對話的過程中，我得到的其中一項領悟就是：利用成功減少不安是很有效的。

當時，我的注意力主要集中在直接減少選手的不安。然而，對於一站上打擊區就無法發揮實力的選手來說，這項方法沒有太大的效果。最後我只好和打擊教練商量。不過，教練卻說：「首先要打出安打。」

雖然這句話說得沒錯，但是對我來說，這個回答聽起來太過單純且不負責任。因此，我結合了自己的方法和教練的處方，研究出「細分目標」的策略。首先，在打擊區擊出安

打之前，只把從外側進入的直球往一壘的方向打。接著，放棄從內側進入的球，而從外側進入的球不管是安打還是出局，全都往一壘方向打擊。

我囑咐因為不安而畏縮的棒球選手，他只需要遵守這兩項原則，並讓他參加第二天的比賽。隨後，他在五個打席數後，擊出了安打。後來，我指示他下一次把由內側進入的球，全都往三壘方向擊出，結果該選手在四個打數後，敲出了一支安打。在此過程中，選手的不安也明顯減少。因為他按照教練所說擊出了安打，心中也逐漸有了扮演好身為選手角色的自信。

許多人很容易同意「分階段進行準備」的說法，卻無法輕易理解「分段認知成功」。當然，實力出眾的選手從賽前準備過程開始就與眾不同。他們將具體的比賽準備分階段進行，過程本身要細分，並確切掌握需要準備的東西。

一位棒球教練對於選拔優秀選手的方法，曾經這麼說：「優秀的選手不是練習到深夜的選手，而是一大早就來運動場報到的選手。」

在訓練場待到很晚才離開的選手通常是為了彌補不足之處，或是在比賽時受到指責，才會留在訓練場；不過一大早就來報到的選手，則是已經制定好該如何應對今日比賽的具體計畫，所以很早就會出門。回想一下留下來補課的學生，和很早就來上學的學生之間的差異，很容易就能理解這個道理。

持續維持高打擊率的打者，不會每天進行分量相同的運動。如果休息了兩天，就要在跑步機上跑三十分鐘；若是連續兩天都上場比賽，就跑二十分鐘；倘若連續上場三天，那就跑十分鐘；萬一連續比賽四天，就不用在跑步機上進行有氧運動，不過，要在影像分析或戰鬥力分析上花費更多的時間。實力好的選手不僅懂得調節自己的疲勞，還很了解比賽當天的訓練方法。

尤其在時間不夠的時候，分成不同的課程練習是非常重要的。因為這麼做可以在短時間內將力量極大化。

普通人也是一樣。如果距離專案截止日只剩下一週的時間，就不能在所有的過程都花費相同的時間和精力。此時，組長必須能夠以一週內結束專案為目標，制定時間表與基礎架構。

如果從 A 到 Z 都想顧及，事情可能會在 D 左右就草草結束。這就是為什麼要細分過程，並分配時間和精力的原因。

成功經驗，讓大腦分泌多巴胺

先前教練和我為選手開出的處方箋不是細分目標，而是細分成功。藉由「安打」這份小小的成功，讓選手恢復自信心。無論擊出安打還是界外球，選手都能品嚐到打擊將球擊出的成功，最終就能創造出名為「安打」的成功。

就像這位選手一樣，明明實力充足，卻因為緊張與不安而無法發揮出真正實力的選手其實很多。這時，我會建議他們試著透過「小小的成功」來消除不安感。很多選手之所以無法取得好成績，並不是因為實力或技巧不足，而是缺乏化解不安的方式，也缺少一次能夠親身體驗自我信任的機會。首先應該透過小成功，開始進行心理上的自我調整，像是：「我也做得到。」、「這值得一試！」

如果將成功細分，並提前品嚐到小小的成功，就會獲得名為「補償」或「滿足」的禮物。而且，這種補償強化了「肯定」。回想學生時期，比起做完整本題庫再對答案，每完成一個單元就對答案的時候，可以感受到進度更快前進的滿足感，就很容易理解這個道理。

獎勵可以分成「延遲獎勵」（delayed reward）和「即時獎勵」（immediate reward）。即時獎勵是在行動後即刻給予實質回饋，使該行為更容易被強化。如果加強即時獎勵，大腦就會分泌神經傳導物質——多巴胺，而我們的身體將朝著可以分泌更多多巴胺的方向傾注能量。

嚐過成功甜頭的人，行為模式便會往能將其強化的方向進行，結果就會取得更大的成功。這樣的機制也以類似即時獎勵的系統進行。大腦會根據過去得到獎勵與否，決定下一步行動。

據說，金雅朗選手也會回味自己達成目標成果時的記憶，撐過艱苦的練習。透過這段時間的成功經驗，為了結果，現在必須度過艱難的瞬間，所以會在心裡告訴自己：「先去做吧！」這樣一來，不知不覺間比起痛苦，反而會感到欣慰。

假設每進行一項活動時，都有兩、三種選擇。如果有過一次成功經驗，往後遇到類似情況時，就會分泌出多巴胺。大腦會告訴我們：「這是上次讓我有好心情的事耶！應該分泌一些多巴胺。」

如果腦迴路像這樣自動產生反應，那當我們站在選擇的十字路口時，苦惱就會減少許多，因為大腦最終會選擇可以得到獎勵的方向。這種模式被稱為「反覆學習」，而反覆學習將強化你邁向成功的模式。

有時候，你就是自己最大的敵人

民錫是位備受眾人期待、有望成為韓國代表的打擊者。他不只擁有出色的動態視力，也就是可以準確、快速識別移動物體的視力，而且用球棒擊中投球的才華也與眾不同。身為打者，需要掌握宛如光速般飛來的球、判別球種並決定該如何揮棒，以這些要求來看，他算是具備了相當有利的條件。

然而，當他在關鍵時刻站上打擊區時，經常因為向 B 級投手投出的球揮棒，而被荒唐地三振出局。在實戰中無法發揮出平常的實力，真是令人感到鬱悶。透過諮商，我得知他只是表面上認為自己具有競爭力，但實際上並不清楚自己究竟是什麼樣的打者，也不知道自己的威力有多大。換句話說，他不知道在對方投手眼中，身為打者的自己令人感到多麼有壓力。再加上，因為在每一場重要的比賽都會反覆出現失誤，讓他低估了自己。

他為什麼無法好好認清自己的實力呢？在職業選手的世界裡，不只是過度高估自己的實力需要警惕，過度低估自己的態度也同樣值得注意。像民錫這樣的選手並不是謙虛，而是不了解自己的價值。就算聽到教練或隊友的稱讚，也會覺得：「他們應該常常對別人這麼說吧？」而毫不在意。即使記者或對方的教練團隊給予自己正面評價，也會懷疑自己「真的有那麼了不起嗎」。

看著這些選手，我發現他們之中有許多人因為之前效力的球隊成績太過優秀，反而很少有確認自己特長和本事的機會。他們只能在無法客觀自我評估的環境下度過選手生活。這種時候，轉籍到經常有比賽機會的二軍隊伍反而會更好。這是因為選手的生命是在賽場上決定，而不是在候補選手的板凳上。

對方也和我一樣害怕

在棒球比賽中，打者最害怕哪種類型的投手？是可以投出時速超過一百五十公里的快速球投手？還是即使每天投一百二十顆球，體力依舊綽綽有餘的投手？不，他們最害怕的是讓打者混亂的投手。就像原本以為會投出快速球，結果卻投出速度較緩慢的變化球；或是感覺好像會投進好球帶，卻一直投出壞球的投手一樣，無法預測的投手對打者來說，是最難應付的對手。

在球離開投手手套之前，投球的人和把球擊出的人之間，會展開微妙的心理戰和策略戰。投手將決定該如何配球，而打者則預測投手會怎麼配球。在決定和預測之間，展開一場驚心動魄的較量。

此時，如果面對的是王牌級投手，打者的思緒會更加複雜。雖然預估對方會投出快速球，仍會產生「不過，也有可能……」的疑問，也就是自己推翻了自己的確信。至於讓打者如此混亂的王牌投手，則擁有共同的祕訣，那就是站在打者而非投手的立場上，決定如何投球。

我建議民錫試著站在投手的立場。此外，我們還針對比賽時對方是什麼樣的心情，進行了一番討論。

「那些投手雖然表面上看起來一副若無其事的樣子，內心不知道有多不安？」

「應該是吧？那個人也會心想：『如果我選錯球怎麼辦？萬一那位打者意外把我投出的球漂亮地打出去，我該怎麼辦？』也許他也正承受著不亞於我的巨大壓力。」

透過這種方式，他逐漸減輕站上打擊區時的負擔。換句話說，他接受了自己在與對手對決中感到負擔的事實，但也意識對方因為他而感覺到壓力這件事。

我建議民錫試著對自己下一道咒語：「那個投手現在很怕我。這場比賽對我更有利。」

就算是只用這種簡單的方法，只要為自己注入自信，就可以在對自己有利的狀況下主導比賽。就算對手的客觀實力非常突出，最重要的仍是利用心理調節，相信自己能夠游刃有餘。

運動選手要學會嫻熟地運用心理壓力。因為從心理上壓迫對方，可以打亂對方的身體狀態。如果感受到心理壓力，就會讓心跳次數突然增加、手和額頭冒出冷汗，產生各種身體上的緊張反應。尤其，在感到負擔的時候，大腦內調節不安的神經傳導物質——血清素就會失去平衡。在理想的情況下，血清素應該分泌適當的量。如果平衡被打破，就會感到疲憊，對身體產生不好的影響。最終，心理負擔會讓選手打出一場注定失敗的比賽。

任何人都曾有過因為必須好好表現的壓力，導致無法發揮平時實力的經驗。有些青少年因為考試成績比不上自己付出的努力，最後乾脆選擇擺爛。在面對重要的報告時，也有不少上班族因為心理負擔過重而前來諮商。就像建議棒球選手民錫那樣，我也會建議他們進行換位思考。

「請想像一下，和你一起競爭的其他人是怎麼想的？比你聰明、努力得比你少的人，到底抱著什麼樣的心情呢？」

如果進行換位思考，就可以客觀評價自己的實力，產生符合現實的期待值。不僅如此，有趣的是如果使用這個方法，往往會得到比預期更好的結果。

在緊張並發抖的瞬間，想想看下列幾點吧！

「就算那個人再怎麼厲害，是能夠有多無敵？他應該比我更緊張吧？」

「對方失敗的機率和我一樣高。」

「應該不會只有我一個人覺得自己不夠好吧？我想，其他人也一樣。」

這樣一來，束縛身體和心靈的莫名緊張感就可以得到緩解。

✷ 在實戰中甩掉緊張的方法 ✷

緊張到心臟怦怦跳的時候，通常身體也無法隨心所欲移動。這種時候，要先恢復對自己的信任，才可以充分發揮自己的實力。

金雅朗選手在受傷部位疼痛而導致訓練不足的情況下，參加了 2023 年 11 月的加拿大四大洲錦標賽。在這種狀況下當然會感到不安。在團體賽中，她曾表示：「我害怕會拖累其他選手。」根據她的經驗，越是努力、準備得越充分，不安的感覺就越輕微，所以面對這場準備不足的比賽，她感到更加不安。

不過，她還是像往常一樣，在比賽開始一個小時前告訴自己：「現在我該做的都做了，就算輸了也沒辦法。無論結果如何，都只能接受！」接著，在比賽開始 5 分鐘前，她在心中用更加強硬的口氣對自己說：「我做得到。做到的人就是贏家。只要去做就可以了。」以這種自我信任為基礎，她最終奪得了團體賽的銀牌。

對於缺乏自我信任的運動選手，我想要提出以下幾點建議，這些也同樣可以適用在普通人身上：

1. 慢慢調整呼吸

慢慢深呼吸。調整呼吸在一定程度上可以穩定不安的情緒，這麼做也有助於立體掌握當下四周的情況並集中精神。

2. 決定一個屬於自己的視線焦點

「我只要看到電子計分板上的紅燈，就很容易集中精神。現在，電子計分板上的紅燈看起來格外清晰。」以這種方式決定一個視線焦點，進行調整心態的訓練。如果決定好一個可以集中視線的地方，就不會產生其他想法，可以暫時抑制不安。

3. 使用可以成為信號的簡短單詞

平常練習的時候，在腦海中反覆想著一個簡短的單詞，並且在面對實戰時，再次回想那個單詞。能夠在緊張的瞬間沉著發揮自己實力的高爾夫選手們，懂得有效利用一種「信號單詞」（cue word）。他們在覺得揮桿有問題或遇到困難的路線時，不會為自己施加複雜的咒語，而用「咻」、「啪」等簡短的單詞，發出屬於自己的信號。冗長且困難的咒語只適合在練習時使用，比賽時最好使用練習時創造的簡短咒語。

當我在打高爾夫球，遇到困難的場地時，也會用嘴發出「咻～啪」的聲音。這樣一來，揮桿就會比較順利。雖然只是用語言描寫揮動高爾夫球桿、打中球的聲音，但是這道聲音卻包含了看到球、揮動球桿打中球、球飛向遠方的感覺。

容我再舉個例子。在棒球比賽中，若想在關鍵時刻打出推進壘包的安打，就必須以短揮棒的方式將球向右側推打。為此，應該伸直右臂，將重心放在後方。這個時候，說出「右臂」或「臀部」等單詞，可以更有效集中精神。也就是說，讓「右臂」這個詞自然地連結到其他動作。

4. 創造可以給予心理安定的特定行動

如果投手在手套上塗上松香粉後再投球，不但可以止滑，還可以投出快速球。對於投手來說，塗抹松香粉的行為可以帶來「我能投出快速球」的信心。像這樣，如果定下一個可以為自己帶來確信感的行動，心理就會變得穩定。

5. 覺得自己的狀態不錯

養成認為「我現在狀態很好」的習慣吧！身體狀態不可能總是完美。只要狀態達到 80% 時，就可以說自己的身體狀態非常好。即使狀態不太好，只要堅信身體狀態良好，也有助於恢復狀態。

第三章

為了更好的明天，頂尖選手會做的準備

1 傑出的選手不會追求完美

修正你對「成功」的誤會

「比起在比賽中投入一〇〇%的精力，我更想要稍微放鬆，只投入八〇%的精力。八〇%是個模稜兩可的數值。如果想達到八〇%，實際結果就會接近一〇〇%，但是如果目標設定為一〇〇%，可能會太過勉強。萬一因此崩潰，就沒有力氣可以再次站起來。如果將目標設定在八〇%，就算結果不理想，也比較容易接受。」

這是金雅朗選手說過的話。優秀的選手不追求完美，他們懂得區分最佳技術和完美的運動表現。雖然他們會試著衡量出比賽中能達到的最高水準，但是並不會期待可以呈現一場完美的比賽。他們只會專注於時刻補足、修正自己的技術。

金雅朗選手以「今天我的視野狹窄，所以只能看著前面的選手滑冰，不過明天我要拓寬視野，看著前、後方的選手，並且在後面的選手要超越自己時進行牽制」的方式，思考應修正並補足的能力。

有些人認為如果需要修正和補足，就是處於不完美的狀態。這是因為那些人不明白這件事：**成功不是一步登天的奇蹟，而是透過一步步的努力及試錯等經驗累積而成**。

麥可・喬丹（Michael Jordan）有句名言：「在我的籃球生涯中，我的投球錯誤超過九千次，當籃球教練和我的隊員相信我會投下成功的一球並贏得賽事時，我失敗了二十六次。我失敗了很多次，也正是這個原因，我最後取得了成功。」對於麥可・喬丹來說，失敗是取得成功的必經關卡。

在金雅朗的選手生涯中，至今已經參加十次以上的國家代表選拔賽。但是，她曾經在參與三屆冬奧的期間，從冬奧舉辦前一年的國家代表選拔賽中被淘汰。通常，選手會認為在冬奧前一年的國家隊選拔賽中，有沒有入選是很重要的事。因為入選之後，可以在世界盃等其他代表國家出戰的比賽中熟悉實戰的感覺，配合冬奧調整到最佳狀態。

一般人可能不太清楚，不過每年都有國家代表選拔賽。冬奧雖然每四年舉辦一次，不過光是短道競速滑冰這個類別，每年就有四到六次的世界盃或世錦賽。

在二〇一八年平昌冬奧之前，二〇一六年～二〇一七年賽季的國家代表選拔賽中，金雅朗選手不幸被淘汰。雖然已經非常努力，結果卻還是差強人意。不過，據說當時她是這麼想的：「幸好是現在落榜。距離冬奧還有一段時間，而我已經清楚知道自己缺少了什麼、哪些部分需要加強，只要好好準備就可以了。現在被淘汰，只是為了站上冬奧舞臺的過程。」結果，金雅朗選手在二〇一七年～二〇一八年賽季的國家代表選拔賽上，終於拿到了平昌冬奧的入場券。

人們只知道成功和失敗的結果，而不關心產生結果的過程。然而，就是在這個過程裡，你可以發現減少〇．一%的專注力和誤差範圍的線索。

美國社會心理學家貝瑞．史瓦茲（Barry Schwartz）認為，決策方式的過程分成追求最大滿足的「最大化者」（maximizer）和滿足於現實的「滿足者」（satisfier）[8]。只進行必要的訓練、早早回家調整體力的選手是滿足者，而訓練到凌晨的選手則屬於最大化者。這兩種人之間的差異不是熱情，而是取決於是否知道哪種方式對自己更有效。

追求最大滿足的最大化者，其盲點是沒有考慮到現實對策，只會追求幻想。在此過程中，不但會消耗體力，還會感覺到情緒上的空虛。實現自己的目標和欲望的機會非常渺茫，而且不論付出多少努力，得到的報酬也不成比例，因此會產生嚴重的飢渴感。然而，**滿足**

於現實的滿足者懂得階段性地實現欲望，最終順利登上自己想要的位置。

人們常認為，在邁向成功的過程中，「每一刻都要全力以赴」。此外，為了達成目標，不惜讓自己過著疲憊的生活。這是因為他們誤把滿足視為是人生停滯的象徵；然而，明智的人明白，滿足是通往最終目的地的必經階段。

放鬆的重要性

對於金雅朗選手來說，二〇二三年～二〇二四年賽季的國家代表隊選拔賽，對她意義非凡。「這是至今我所準備過的比賽中，最符合自身狀態的一次。以前時常因為貪心而勉強自己，最後卻得到更不理想的結果。」

如果說之前是抱著「一定要成為國家代表隊選手」的心態去準備，她此時則是覺得：「不久前還受了傷，現在可以在這場比賽滑冰，已經是一件值得感謝的事。先集中在眼前的事情上吧！」

準備國家代表隊選拔賽時，金雅朗正在就讀研究所，還成了一名 YouTuber。「這樣一來，好像自然而然就放鬆了。」

雖然普通人也是如此，不過「放鬆」對運動選手來說格外重要。有一種說法是：「業餘高爾夫選手需要三年的時間才懂得放鬆。」，對此我深有同感。我自己在打高爾夫球時，為了能讓球飛得更遠、更準確，我會大力揮桿。然而，這卻導致球直接出界。後來，我在二○○九年亞利桑那公開賽上，觀摩了菲爾．米克森（Philip Mickelson）的比賽。雖然他揮桿的力道非常輕，球卻飛得很遠、很準。看到這一幕，我甚至產生了「那一定是幻覺」的想法。

米克森身為一名高爾夫球選手，在全盛時期，他揮桿的姿勢彷彿在跳舞——只對最需要的部分出力，在剩餘區間則完全放鬆。事實上，在高爾夫球這項運動中，揮桿利用的是離心力，所以必須在中心部分出力、在外圍部分放鬆，才能發揮最大的力量。

不過，包括我在內的大部分業餘選手卻正好相反，認為只有在視線所及的部分出力，才可以成功擊中球。

即使不是職業選手或資深選手，也可以輕鬆地讓身體用力。相較之下，放鬆對初學者來說並不容易。在運動比賽中，每一刻都全力以赴，不代表要用「鄉巴佬跑馬拉松」的方式，從頭到尾都用飛快的速度跑完；而是要用自己規劃好的方式，在最需要的時候集中自己的力量。為此，不但要有儲備力量的時期，也需要為了出力做準備的伸展階段。在運動中，這被稱為「收放自如地運用力量」。

當我們感到緊張不安時，第一個做出的反應就是身體出力，我們常用「肩膀很緊」來形容這種狀態，回想一下黑社會電影吧！四肢發達的無知部下們用力聳起肩膀登場，卻被對方一陣痛毆，接著就會看到肩膀放鬆的大哥出現，代替眾多小弟打敗對方老大的場面。單就這一點來看，無論是在哪一個領域，裡頭最懂得放鬆的人，可以說是該領域真正的職業選手。

面對負面想法，切忌過度反芻

保持正面想法的人在遇到問題時，會下意識排除情緒再面對。也就是為了解決問題，擁有正面想法的人知道應該專注在什麼部分，以及什麼部分要放棄、哪些部分要加強。想要自然而然地應對挑戰，就要訓練自己看待問題時不感情用事。情緒過剩只會麻痺理性，妨礙我們用客觀的態度看待問題。

負面的人和正面的人之間的差異在於「對負面想法的反芻」。負面且憂鬱的人有重溫負面想法的習慣，當你在處理另一種情緒時，這些習慣會產生不良影響。不只是會對特定事件產生負面影響，大腦在處理悲傷的情緒或負面的詞語時，會更常反覆咀嚼，結果降低了大腦的效率。

實際上，在以正常人為對象拍攝功能性磁共振成像（fMRI）的研究中發現，比起展現充滿希望的面部表情和正面的單字，當人們展現悲傷表情和負面詞語時，腦額葉會使用掉更多能量[9]。這代表大腦會區分負面的資訊與其他詞彙。大腦之所以一定要耗費能量、分離負面的想法，是為了減少不必要的反芻，發揮讓大腦提高效率的自淨作用。

當負面想法襲來時，該怎麼做才能梳理思路？試著寫下筆記吧！這是金雅朗選手實際使用的方法。金雅朗雖然平時也常寫筆記，但是在思緒複雜的時候，更是會拿出筆記本。接著，分別寫下自己當下可以解決的，以及無法解決的事，接著再找出最優先要做的事，並找出能夠完成的方法。萬一無法解決呢？金雅朗選手和我們一樣，她說：「吃一些好吃的東西，睡一覺再說吧！」不要費盡心思去解決眼下無法化解的問題。

2 即使辛苦，也不要完全依靠他人

依賴性，其實源自不安感

金組長一到中午，就會在同事面前大喊道：「大家快一起來吃飯吧！」他奪走了組員期待不同餐點的願望，今天也一如既往地在常去的餐廳，和全體組員一起吃辛奇燉鍋、雞蛋羹與辣炒豬肉。同時，他認為在吃的方面，自己是非常照顧下屬的上司，並且暗自期待組員們也可以用同樣的方式對待自己。

然而，組員們面對金組長的好意卻感到很負擔，而這種負擔感正是源自金組長的依賴性。由於金組長的依賴性被包裝成無法指責的好意，所以讓人更難拒絕。依賴性和不安有關，那些不想被別人發現自己感到不安的人，就是這樣包裝好自己的焦慮。當我向對方示好時，如果對方覺得自在舒服，這才是真正的關懷。若是讓對方覺得不安，就只是透過依賴消除自己的不安而已。

在提出任何提議時，萬一組員們開始尋找各種藉口，就要思考自己的意見是否為他們帶來了負擔。組員們總是回答「是」的時候也一樣。「組長，今天可能不行。」可以像這樣說明情況並請求理解的關係，才是可以分享善意和關懷的健康關係。

比起每天用相同的模式往自己臉上貼金的組長，有時候關照一、兩名組員、偶爾照顧整個部門的組長，更令人值得感激。如果看到這樣的組長在下雨天，獨自在燈光昏暗的中式餐廳吃著炸醬麵，就會莫名地想要坐在他身邊。

體育的世界也是如此。照顧對方時，要分辨若是這麼做，以對方的角度來說是負擔還是關懷。假如看到選手一味服從總教練或教練，就是他們覺得備感負擔的證據。

相反地，就像被孩子揍了一拳後，故意露出痛苦表情的父親一樣，對選手展現人性化面貌的教練很受歡迎，也很受尊敬。這種教練並不會高高在上、表現得很專制，而是為了讓選手自然地接近自己而敞開心房。在職業運動領域中，外籍總教練和教練之所以受歡迎，不只是因為實力；有時候，他們說得結結巴巴的韓語及文化差異導致的詫異行為，隊選手而言反而有種舒適且自然的魅力。

無論比賽或日常，都要觀察周遭信號

因為無法繼續運動而陷入絕望的高二游泳選手，來到了我的診療室。他是一名在過去的兩年連覺都沒睡好、在別人全都休息的節日也獨自去游泳館練習的選手。他連吃飯的時間都覺得很浪費，只用紫菜飯捲充飢後，就開始進行訓練。然而，他得到的結果卻和付出的努力不成比例。身邊的人都告訴他，游泳不能只靠蠻勁，應該要累積經驗並提高技巧，才能夠在比賽中勝出，取得好成績。

透過諮商，我發現這位選手在人際關係上承受著不小的壓力。他在與人往來時，很容易被某個人深深吸引。身邊的人都勸他：「如果靠得太近，對方可能會覺得壓力很大，所以要保持一定的距離。」不過，他一旦有了喜歡的朋友或前輩，就會過分地親近對方。

因為零用錢不多，自己連飯都吃不飽，卻還是幫朋友付計程車費，甚至每天打好幾通電話關心。如果感覺到對方在稍微疏遠自己，他就會覺得被朋友背叛了，感到很傷心。健康的關係是在與對方交流的過程中形成，但是這位選手卻只想按照自己的意圖和節奏維持關係。

在運動競技中，只有掌握對方發出的信號，並按照信號行動，才能夠展開一場精彩的比賽。就像很多不遵守交通號誌的司機一樣，無法正確解讀對方信號的選手，會無緣無故感到心急如焚。如果覺得著急，應該是因為有什麼緊急的理由，但是他們其實也沒有什麼特別的原因；就像在綠燈變成黃燈時，不顧危險急著想要闖過路口的司機一樣，許多選手在沒有急著攻擊的理由，卻仍因為急於求成而失誤。

如果無視這些信號，就會像不遵守交通號誌而暴衝的汽車一樣。因此，當紅燈亮起時要暫時停下等待；當左轉燈亮起時，便預期接下來會出現直行綠燈，並為下一步行動做好準備——這種駕駛者的心態，對運動選手而言也同樣重要。

無論是運動還是人際關係，我們都要謹記所謂的「等待美學」。懂得等待美學的人，會觀察對方發出的信號，並根據該信號行動，掌握可以接近對方的時機。

如果比其他人更容易感到孤獨

與先前介紹過的金組長同組的南代理，平常不願意和與自己關係不是很好的幾個人一起吃飯。每當金組長約大家去吃飯時，他都覺得很難熬。有趣的是，南代理為了避免和不熟的同事共進午餐，反而會和客戶約在午餐時間見面。不願意和幾乎每天見面的同事聚餐的人，和沒見過幾次面的客戶一起吃飯卻不覺得為難？這點相當矛盾。

事實上，南代理對於進行私人對話感到很吃力。對南代理來說，客戶是藉由業務認識的關係，可以只交流公事。由於只需要談論必要公事，感覺就不會太累。南代理不僅不願意向對方透露自己的內心，也不想了解別人的內情。他不想因為一句話傷害任何人，也不希望自己為此受到傷害。他認為，只要帶著基本的禮貌交談就可以了。因此，與其和輕浮的金組長一起吃飯，並因此而備感壓力，還不如一個人吃飯更自在。

像南代理這樣不輕易向他人敞開心扉的類型，以及像金組長這樣習慣依賴他人的類型，都是孤獨的人。金組長把全部精力集中在消除目前的不安因素上。他需要可以馬上跟他一起吃午餐的人，也需要一個在下班後，讓他可以不用獨自孤單喝燒酒的人。在金組長眼中，對方只是他需要的工具，所以不管是誰都可以。這就是典型的孤獨的人。

反之，南代理會把自己與對方隔離。他與別人建立關係時，最在意的就是保持物理距離。和他人見面時，他總會保持一定的距離，阻止對方越線。諷刺的是，在時常需要與他人打交道的這類職業上，反而經常可以看到這種傾向。

如果說這兩個人有什麼共同點，那就是無法擺脫處於自我投入狀態的「自閉時期」

（autistic phase）。若無法擺脫被束縛在自我領域的這個時期，比起與他人之間的關係，只會在意自己的生存，所以很難敞開心扉。

有個關於孤獨的有趣研究結果。這是二〇一〇年在挪威進行的一項研究[10]，研究小組以從家裡和從宿舍上下學的五千多名高中生為對象，詢問他們是否感到孤獨。他們預估從宿舍上下學的學生中，會有更多人感到孤獨。

然而，結果並非如此。雖然他們在學年剛開始時經歷了短暫的孤獨，但是後來卻像從家裡上下學的學生一樣，很快就恢復了穩定。

這份研究結果顯示，孤獨的核心問題並非來自家裡、宿舍等場所，而是和家人之間的關係、自尊、未來規劃等有關。該研究清楚告訴我們，**人類的孤獨與「現在和誰在一起」無關，更重要的是獨立性、自信、目標等「與自我相關的理由」**。

在普遍以維持生計為最大目標的韓國社會，因為孤獨而感到窒息的原因也不是「身邊沒有人」或「沒有可以依靠的地方」。不是因為缺少對象陪伴，更重要的是自己的「人生資料夾」空空如也所導致的失落感。

獨立意識，讓你獲得安定感

想要享受人生，就必須克服依賴性並確保獨立性。任何人都會經歷過一、兩次因為不順利的問題而苦惱，最後卻迎刃而解時帶來的快樂。享受自己親自完成的快感，其結果也同時將完全屬於自己。

運動競賽的總教練和教練都認為，年輕選手有很多依賴性上的問題：「最近一提到集訓、強化訓練，選手們就會皺起眉頭。只是說了一句重話，就會馬上接到父母打來的抗議電話。現在的選手只有身高和體重優秀，意志力還停留在兒童的水準。」

我經常在工作現場親耳聽到這樣的話。尤其，與過去不同，當今社會中，獨生子女的家庭較多，因此很多父母都將自己的孩子捧在手心。在家裡接受王子、公主般待遇的孩子，如果在團體生活中得不到絲毫的禮遇，甚至面臨自尊心崩潰的情況，就會完全無法忍受。遇到問題時，有很多選手不會試著自己解決，而是依靠別人來決定，或是向他人追究責任。他們雖然擁有成人的身體，精神世界卻依舊是個「大孩子」。

這種現象可以透過「客體關係理論」（object relationship theory）說明。人類在成長過程中會遇到父母、老師、朋友、戀人等多種對象[11]。所謂的「客體關係理論」是將與他們的關係內在化。例如，嬰兒有想乾脆吞掉母親的「吞併」（incorporation）欲望，這是因為他們總是把母親當成餵食、哄睡、擁抱自己的對象，這被稱為「單純的客體內在化」。

經過這種成長過程的孩子，不只會和媽媽分享良好的情緒，還會分享遺憾的心情。然後，從某一天開始，孩子感受到總是對自己微笑的媽媽，有可能會以不同的情緒對待自己。自此之後開始超越單純的客體內在化，而是將和媽媽擁有的多種情緒內在化，這被稱為「轉換成內在化的表徵」。

孩子像這樣從媽媽開始，逐漸將內在化的對象擴大到朋友、配偶等。但是，在此過程中，母親的過度干涉和過度保護，反而會延緩子女的各種人際關係及心理發育，使其無法扮演成年人的角色。也就是說，沒有培養獨立意識的孩子，會被直接丟到「社會」這個殘忍的舞臺上。

這些有依賴性問題的人，又可以下分成兩種類型：有些人會無條件依賴他人，也有人只會依賴對自己說好話的人。如果前者是透過依靠對方來尋找安全感，那麼後者就是在指責自己的人與自己之間建立隔閡，並且選擇性地依賴他人。這兩種類型都是如果不依靠他人就無法生存的大孩子。

無論如何，最終上場的只有你一人

訓練時無法建立自我風格的選手，在比賽時也無法正常發揮，這種選手就像在教練的指揮下被動移動的機器人。有些選手雖然已經到了退休年齡，依舊在尋找擁有領袖風範的新教練或指導方式。年輕選手看到他們的這種行為，紛紛覺得傻眼並表示：「已經入行這麼久了，還無法發展出自己的一套方式，在訓練或比賽時，還需要別人……」在身邊的人眼中，甚至會覺得他們是不是被強迫進行過度的練習，但那些選手本人卻覺得，如果不聽教練的話，總覺得有哪裡不對勁、可能會導致不好的結果，因此感到不安。

為了取得好成績，有些指導者認為，光是盡全力還不夠，你還必須懷著即使身體某部分受傷、不斷被批評，也要咬牙撐過去的執著，才算是真正的努力。A 教練正是這種人，據說，他在當選手時也是用這種方式精進自己的運動表現。

A 教練擁有強大的領袖風範和領導能力，而接受他指導的 B 選手在地區比賽中突然取得好成績，並對 A 產生了很強烈的依賴性。B 選手說：「如果不進行殘酷的練習，這位教練就會離開我。這樣一來，我的運動表現會降低，最後我的運動生涯也會就此結束。」A 教練的嚴格訓練和冷酷言語的強度逐漸增強，也深深烙印在 B 選手的心裡。

從精神醫學的角度來看，這與投射性認同（projective identification）的概念有關。所謂的投射性認同，就是把自己心中的惡意偷偷丟給對方並加以操控，也就是所謂的「煤氣燈效應」。

那麼，所有讓選手進行強度過高運動的教練，都會對選手進行情緒操縱嗎？絕對不是這樣。分辨真正關心自己的教練，以及利用煤氣燈效應對自己進行情緒操縱的教練，最簡單的方法之一就是那個人是否會傾聽別人意見。如果教練只相信自己的經驗與知識、不聽取其他專家的建議，就極有可能是在對選手進行情緒操縱。

另外，是否考慮該選手的未來也很重要。沒有任何成績或獎牌會比運動選手的未來更重要。因此，最關鍵的是掌握現在這場比賽會對選手的未來發揮什麼樣的影響，以及在準備比賽的過程具有什麼樣的意義，這點當然必須好好傳達給選手。因此站在選手的角度來看，如果覺得自己和現在這位教練進行的訓練，換成和其他教練一起進行時也會這麼累，且得到的效果也相同，那麼這位教練採用的方法就可以視為適當的訓練方法，也就是用客觀的方法進行客觀強度的運動。

真正上場比賽時，選手都必須獨自一人面對戰場；雖然訓練時要依照隊友與教練的指示行動，但比賽時就必須根據自己的判斷行動。雖然比賽途中有作戰時間，但是在關乎勝負的緊急狀況下，不太可能接受教練的指示再採取行動。最終，選手仍必須發揮透過訓練累積的實力，因此，選手更應該放棄聽從教練指揮行動的依賴性，進而尋找自己的獨立性。

找回人生的主導權

越是不自律的人，依賴他人的傾向就越強烈。他們沒有在他人的控制權下獲得安定，而是作為實現他人欲望的工具進行活動。也就是達成一種協商。但是，總是被別人左右的人生不可能幸福。在自己的人生裡，我不是站在「甲方」的地位，反而是站在「乙方」的立場上。

那麼，要想成為自己人生的主體，應該怎麼做？最重要的就是要意識到「依賴他人的人生意外地不安全」的事實。

依賴他人，就像孩子抱著媽媽，希望獲得一切一樣。但是，無論母親多麼有母愛，孩子和媽媽永遠都是不同的人格主體。換句話說，就是二元關係。這種關係在初期會帶來安全感，但是因為二元關係的極限，無法持續很久。

如果這種情況持續下去，孩子甚至會逐漸感到憤怒、恐懼。「和媽媽在一起也經常發生這種不自在的事，如果和別人在一起，應該會更嚴重吧？說不定他們也不會接受我。如果被他們拒絕怎麼辦？」這樣的恐懼會漸漸擴大。

當你隸屬於某人時所感受到的不適，其實也是一種警告，提醒你應該從那種依附中解脫出來。這樣的訊號，會與你開始獨立生活時所面對的恐懼相抗衡。

其次，我們要正確了解恢復獨立性代表什麼。**獨立性並不是任何事都可以獨自完成的能力**。心理學中的獨立性，是指在和自己心目中的對象一起經歷正面或負面事件後，選擇性地將該客體內在化。

如果能夠將客體選擇性內在化，就可以只留下與客體之間的經驗及關係，從依賴的客體身邊獨立出來。出現無力感的跡象也被解釋為「對媽媽的痕跡上癮的狀態」，那些對客體上癮而變得無力的人，普遍具有一個共同的特徵：如果對方不從頭到腳接受自己，就會展現出極度不安的症狀。

一名在機場擔任管制人員的三十多歲男性曾經來找我諮商。他發現幫助他在職場站穩腳步的前輩要移民後，感到非常痛苦。因為有這位前輩，他的管制人員工作才可以順利完成，但是現在聽說那位前輩要離開，不安的感覺瞬間極度高漲。再加上，前輩決定要移民這一重大事件，連一句話都沒有和他商量，讓他受到了很大的衝擊。一開始他心想：「原來我的意見對前輩來說一點也不重要。結果只能像這樣，各自過著自己的人生嗎？」

對於這位管制人員來說，他對前輩的依賴性一下子就崩潰了。我則勸告他，此時此刻應該是從這位前輩身邊獨立的絕佳機會。只有從他人身邊獨立出來，才能過著不再受傷害的生活。

最後，**要想成為自己人生的主體，就要與妨礙自己嘗試獨立的人保持物理上的距離**。想要獨立卻無法付諸實踐的最大絆腳石，就是不希望他人從自己身邊獨立的對象。在我們小時候，父母就是這樣的存在，而在我們長大後，同齡朋友或職場上司等客體就會扮演這種角色。

他們在物質和精神兩個方面照顧對方，並以此為代價，得到自尊作為補償。然而，當一直待在自己懷中的人某天突然說要獨立，當然會陷入恐慌狀態。就像需要他人照顧的人一樣，給予照顧的人也會對自己的照顧對象產生依賴。

他們甚至會做出情緒性的威脅說：「我是怎麼把你養大的？」、「別人就算了，你怎麼可以這樣對我？」如果情況發展到這個地步，就很難離開那個人身邊。

為了事先防止這種情況發生，最好與依賴的人逐步拉開物理距離。先減少見面的次數，即使偶爾見面，也要讓對方知道「沒有比你更好的人」，幫助對方找回安定。

更重要的是，不是光顧著體貼對方，而是擁有「現在我一個人也絕對能夠生活下去」的意志。

3 比較和競爭，與你想的不一樣

無法停止比較的人們

一名年約二十五歲的上班族來找我，說因為新來的同事，自己正承受著巨大的壓力。

「公司新來了一名後輩，長得實在非常漂亮。不過，她明明是剛進公司的新人，卻經常遲到；在遇到困難時，總是會尋找機會逃避。仔細觀察後發現，這個後輩好像是仗著自己的外貌才這麼做，所以我很討厭她。

「但是，其他同事和上司卻無條件地袒護、照顧她。一直以來，我都默默處理那麼大量的工作，一句怨言都沒有，他們怎麼可以這樣？有時候，我真的不禁會想：『做人一定要這麼卑鄙嗎？我要不要乾脆也去整型算了？』」

來到診療室的人中，有很多都像這位女性一樣，因為將自己與他人進行比較而感到痛苦。表面上裝出一副若無其事的樣子，內心卻不停進行比較，為此感到很辛苦。但是，聽完他們的敘述後，就會發現大部分人做的其實都是不合理的比較。

我在和這位女性面談時發現，她有過於直接表達自己想法的習慣。同事不僅偏愛新來的同事，並且對她毫不關心，還因為她過於直接的表達方式，大家都在迴避她。

我建議這名個案盡可能間接地表達自己的想法，同時多多傾聽、接納別人的意見，並在往後幾個月的時間裡，要格外注意人際關係。之後，她開始改變了。然後，她開始留意人際關係的技巧和對話方法。當然，她對待新同事的態度也變得輕鬆，甚至擺脫了被害意識和壓力。

對運動選手來說，比較行為可能會妨礙執行能力，但也可能會有幫助。在棒球比賽中，腳程快的打者經常羨慕力氣大的打者擊出的全壘打次數。在足球領域，邊後衛也時常貪圖進攻得分，並將得到的分數與他人進行比較。

與這些選手進行諮商時，我會先問他們：「為什麼不顧好自己的表現，反而一直在意他人？」聽到這句話，這些選手就會瞪大眼睛。

針對比較或嫉妒的心情，好好思考一下吧！對方的才華和價值打從一開始就不屬於我們。無論多麼討厭、憎恨對方，對方的資源也不會減少。我們沒有無所不能的能力，不可能改變他人的人生。

知道自己的本領、可發展的能力是什麼？應該把努力的重點放在哪裡，是非常重要的事。**正確的比較，必須從準確掌握自己的能力開始**。

什麼都想擁有的人，就等於什麼都不想擁有。讓我們具體決定一下想要擁有某種東西的欲望「主詞」吧！

我們為什麼要競爭？

只要人類有想得到的東西，競爭就是必然的。接下來，讓我們進一步了解競爭。我曾向在競爭最激烈的美國職業體育舞臺上活動的選手，詢問競爭的理由，結果大致可以歸納成下列三種答案：為了生存、為了得到別人的尊敬和注意、為了自己的發展。

第一個原因在某種意義上，與人類最基本的本能滿足有關。本能沒有具邏輯性的理由，只是覺得自己需要。這其實也是很多運動選手競爭的原因。尤其，有些選手來自經濟規模較美國小的國家，他們不僅必須在美國職業運動賺錢養活自己和家人，有些人甚至還得負責村裡人的溫飽。

第二個原因是為了獲得他人的尊敬和注意，這與個人名譽有關。追求名譽和權力也是人類的本能之一，正常的權力不只會影響自己，也可以讓其他人過得更好；所以，別人也會因此喜歡我，這就是所謂的「尊敬」。

第三個理由是為了考驗自己的挑戰和極限，以及達成這個目標時獲得的快樂。我們為了實現某件事而設定目標，途中可能會經歷失敗，然後，我們再以失敗為跳板，實現下一個目標。

我見過的選手中，最熟悉競爭方法的選手之一就是金雅朗。根據我在一旁觀察的結果，她會在競爭過程中不斷挑戰，並且和身邊的夥伴、學弟妹互相幫助。金雅朗在和身邊的選手互相幫助時，她本人會先努力做好。在自己的成績或名次稍微領先的時候，才會幫助執行能力比自己差的選手。只有自己先做好，其他選手才會相信她的建議。否則，如果其他選手不信任她，就算她帶著善意給予再好的建議，他們也無法接受。這是很多精英選手的共同點。

此外，金雅朗選手在制定目標時，帶著明確的方向性。當自己不清楚方向的時候，她會詢問身邊的人，而這些人之中也包括像我這樣的心理專家。同時，她會對自己的目標和方向賦予意義。雖然有時會因為這個意義而過度煩惱，但一旦意義變得明確，她便會全心投入練習與訓練。所以，雖然我和金雅朗聊了很多，但即使聽她說過「訓練很辛苦」，卻從未聽她問過「我究竟為什麼要做這個訓練呢？」這樣的問題。

健康的比較≠嫉妒

人類作為社會性動物，自然而然會與他人進行比較。在我們的生活中，比較和嫉妒本身並不是問題。重要的是，如何以對自己有利的方法運用比較和嫉妒，畢竟，能讓自己進步的「健康比較」與嫉妒心並不一樣。

嫉妒心只是想要破壞對方的才華、價值、欲望的情緒暴力，對自己也沒有任何幫助。反之，如果有比自己早一步達成理想目標的前輩或上司，將他們當成自己的導師也不失為一個好方法。這樣一來，我們就會傾注努力去模仿對方的才華或實力。

「原來他是那樣練習，才能呈現一場精彩的比賽。我也要有系統地調整練習量。」

「因為有寫筆記的習慣，金課長總能準確抓住核心，我也要養成這樣的習慣。」

不嫉妒對方的優點，而是透過健康的比較加以認可。然後，從某個瞬間開始，就會在對方身上看到自己想要模仿的樣子。

因此，我認為「羨慕就輸了」這句話是錯的，我想將這句話反過來──不羨慕就輸了。如果不羨慕他人，等於證明了自己只與沒有欲望、能力比自己差的人來往，過著井底之蛙般的生活。

羨慕是開拓更遼闊的世界，並且挖掘嶄新機會的原動力，因此是需要放在身邊的重要心理資源。尤其，對運動選手來說，「羨慕就輸了」的說法並不符合現實。他們在比賽中拚命衝刺的理由正是「健康的嫉妒」，也就是「羨慕」──一種美麗的興奮劑，在嫉妒對手的努力和競技能力，同時，創造提升自身力量的動機。

讓我們聽聽金雅朗選手對於羨慕，乃至牽制的想法吧！她說：「老實說，比賽時如果有人牽制我，我的心情會很好。因為這代表我表現得很好，所以對手才會產生競爭意識。如果在比賽中沒有人在意我呢？那麼，我會覺得很傷自尊，並且生氣地對自己說：『為什麼沒有人在意我？我該努力了！』」

關於競爭，我們不得不學到的事……

當有人透過競爭獲得某些東西時，就有人無法得到，甚至失去原本擁有的東西。此時，要麼接受自己所沒有的，又或是，如果那真的是自己非常需要的東西，則透過與擁有者的協商，在一定程度上滿足自己的需求。透過這樣的過程，即便自己曾經獲勝、得到某些東西，也會逐漸產生一種整合性的觀點——**總有一天，自己也可能得不到，甚至失去擁有的一切。這種整合性的觀點，可以成為勝者的餘裕，或是對失敗者的體諒**。

如果無法成功協商，甚至連協商的空間都不存在，那你就必須為了下一次的競爭而忍耐。無論是磨練自己、反覆咀嚼失敗的痛苦，還是直面那份悲傷的情緒，都要堅持下去，直到時間沖淡這些情感，重新湧現出新的決心與實踐的勇氣，藉此培養內在的力量。而當失敗或挫折實在難以承受時，也要懂得適時避開。不是走向無法挽回的自我傷害或放棄，而是一種為了跳得更遠而暫時的休息或收縮。就這樣，人類透過競爭學習協商與接納，培養整合性的觀點，同時學會忍耐與避讓。

在競爭中，確定範圍也很重要。為了確定競爭範圍，必須知道自己的極限。然而，有意識地認知自己的極限並不容易。換句話說，我們很難僅憑一己之力掌握藏在自己潛意識中的極限——「潛在能力」。美國運動心理學家湯米．漢森（Tom Hanson）曾說過，如果從自己的潛在能力中除掉負擔，就會是自己現在表現出的執行能力。

重要的事即將來臨，很多人會說「覺得很有負擔」或「太緊張了」。如果問他們：「為什麼感到負擔？」大部分的人會回答：「不知道。」而且，只會用「結果好像不好」、「可能做不到」、「好像展現不出平常的實力」等方式總結負面的結果，時常無法如實呈現出自己當下的狀態。

所以，知道自己的「何種狀態」與壓力有關非常重要。更重要的是，如果優柔寡斷，無謂的想法就會變多，導致自己比起已計畫好的想法和行動，更容易做出衝動性的思考和行動。如此一來，就會因為頻繁失誤且疏忽大意而感情用事。此外，行動總是明顯受到拘束，話也會越來越少。積極性下降、不安感增強、睡眠不規律，甚至與其他同事之間的衝突也會逐漸增加。

如果發生這樣的行動或情況，可以把這當成確認自己感受到多少負擔程度的尺度。只要真正了解自己感受到多少負擔，就可以稍微減少妨礙潛力的壓力。

✷ 選手連自己的數據也得管理 ✷

看體育新聞時，經常會看到「金○○簽下價值 4 億韓元合約，成為資歷 7 年選手中年薪最高者」、「朴○○，年薪遭削減 5,000 萬韓元」等頭條。棒球選手的身價相關報導在「火爐聯盟」（Hot Stove League）時經常出現。火爐聯盟是指職業棒球到了冬季，各球隊為了加強球隊的戰鬥力，與選手進行年薪協商，或是進入挖角市場的時期。

被各球隊指名的新人選手，透過火爐聯盟獲得近乎殘酷的冷靜評價。因為是根據指名順位和簽約金進行身價排序，選手之間經常幾家歡樂幾家愁。而在幾年職業生涯後進入自由球員市場接受綜合評價時，這種現象更加嚴重。

大部分上班族在和公司協商年薪時，無法積極出手。我們在與某人談判時無法提出異議，並不是因為完全認同對方的意見，而是因為自己手上沒有足以反駁的明確資料。

明星級選手在與球隊的協商時，絕對不會吃虧。因為除了擅長比賽，他們還熱衷於管理紀錄。自己的得分或全壘打紀錄都保存得很好，以便在協商年薪時使用。

選手可以運用數據測定打擊率、上壘率、盜壘成功率、長打率等個人能力。優秀的選手平時也會盡全力傾聽他人對自己比賽的回饋。無論成績好壞，他們都會回顧、研究自己，並且設計未來。今天的失分或犯規不是「想要忘記的記憶」，而是「設計未來時需要的紀錄」，同時也是發展的原動力。像這樣每天管理自己的數據，並依此鞭策自己的選手，只要付出多少努力就會得到多少好的結果，而其結果就是他們可以悠閒度過火爐聯盟。

活躍在競爭激烈的職業競技世界裡的選手，都應該忠於能夠讓人一眼看出自己能力的「數據管理」。這也是專業人士的分內工作。在最近這種劇烈變化的社會中，公司沒有時間一一確認所有人的成果和紀錄。如果不想在年薪協商等重要時刻手足無措，我們必須效法每天勤於管理自己數據的運動選手的專業意識。

4 擺脫過去，才能攀上更高的山頂

每個人都有全盛期

「我也曾經是當紅炸子雞。當時的我沒有任何擔憂，但是現在每次參加比賽，我都會覺得很擔心。我擔心自己如果無法正常發揮實力該怎麼辦為此感到不安、沒有自信。」

這樣的煩惱不是運動選手的專利。過去誰沒有當過班長、排長？誰沒有在社區裡聽過別人稱讚自己是才子？但是，現在別說是自信了，很多人連自己的存在感都感受不到，每天都勉強過活。

五十歲出頭的尚振曾在外資企業擔任部長，最近申請了名譽退職（按：未依據法定退休年齡或懲戒處分，由勞工主動申請離職，和一般辭職不同的是，名譽退職多為公司主動勸說、勸退，勞工接受提議後所進行的離職）。雖然是與家人協商後做出的決定，但是在距離退休還有一個多月時，他的心情每天都會反覆轉變十二次。

「上午像潮水般湧來的憂鬱情緒，到了中午又像退潮般消失無蹤。我也曾經是公司裡的大紅人，現在怎麼會變成這樣……」

最讓尚振痛苦的是上班時間。對上班族來說，到公司上班是開啟一天的儀式。如果這個儀式消失，尚振便不知道該怎麼開啟一天，而為此感到鬱悶。他覺得自己的生活一夜之間從「完美布置」淪落成「未解決的課題」。決定退休後，尚振的世界整個變成了灰色。

這類人的特徵之一，就是關心的焦點停留在過去的鼎盛時期。執著於自己的存在最閃耀的那段時光，這種思維特徵被稱為固著現象。固著（fixation）指在遇到壓力時，人格發育過程中斷的狀態。隨著歲月流逝與經驗累積，每個階段的人格都應該各自發達，結果卻停留在同一個地方。

接受觀眾歡呼喝采的選手、在公司平步青雲且能力被認可的上班族、事業發展順利而過著不用羨慕他人生活的人，都有不時提起當年勇的習慣。藉由回憶自己的全盛時期，試圖忘記艱苦的現實。

不過，這種習慣並不能解決現實中的問題。就算得到安慰，也只是暫時的。

中年帶來的空虛和剝奪感

中國古書《淮南子》中，提到名為「時令」的生活方式。就像大自然在春天復甦，萬物在冬天冬眠一樣，人類的生活也要遵循四季和常理。從重視「天法」的傳統世界觀來看，這是一種非常實用的生活方式。

現在這個年代被稱為「青春延長的時代」。以前認為五十多歲就是老年期的開始，但是在平均壽命百歲的現在，五十多歲是開啟人生下半場的時間。儘管如此，人們依然到了四十多歲就飽受退休的不安折磨，社會對高齡者的漠不關心也沒有得到改善，這是我們必須面對的現實。

有個單詞叫做「年齡歧視」（ageism）。這個詞包括了上了年紀的人與年輕人相比，體力和智力等能力較差的概念。而此處的能力指的是生產效率。

在人的一生中，中年是全力投入生產的時期。在家庭養育子女，並在社會中指導下一代，致力於社會發展，這段時期可以說是自尊心最高的時期。換言之，過了中年，來到生產效率下降的時期（五十至六十多歲），很容易陷入「我的時代已經結束了」的無力感。因此，人們一到面臨退休的時期，就會陷入極度不安之中。

偶爾會聽到「大腦功能在四十至六十多歲達到顛峰」、「資訊處理能力在五十多歲時最佳」等報導。乍看之下，這似乎是在對抗年齡歧視，不過仔細一看，這些最終也是注重生產力的說法。

艾瑞克森將人類的發展分為八個階段，並提出符合各年齡階段的課題。這八個階段分別是：基本的信任感和不安感（零至一歲，第一階段）、自律性和羞恥心（一至三歲，第二階段）、主導性和罪惡感（三至五歲，第三階段）、勤勞性和自卑感（五至十二歲，第四階段）、認同感和認同感混淆（青少年期，第五階段）、親密感和孤立感（青年期，第六階段）、生產性和停滯性（壯年期，第七階段），最後是團結性和絕望感（老年期，第八階段）[12]。

艾瑞克森表示，人類只有按照各年齡階段完成適合自己的課題並取得成功，人生才能穩定並完整。他認為，青少年不宜深究準備死亡的絕望；而需要考慮生產性的壯年，也不宜思考主導性和罪惡感的問題。

像這樣藉由完成適合人生各階段的課題，以解決年齡歧視的差別認知才是明智之舉。反之，已經經歷青年期和壯年期，且只專注於生產性而未能準備老年期的人，則只能停留在歲月流逝的空虛感和剝奪感中。

接受不如過去的自己

二十歲出頭時，可以投出時速一百五十公里快速球的投手 A，以及經常被提名為全壘打王與得分王候選人的傳說級超強打者 B 選手，現在兩人皆已年近四十。

投手 A 即便已經三十多歲，仍然是球隊的王牌投手。他沒有堅持投快速球。他喜歡推測對手的招數，而不是與打者進行力量之爭，還運用數年的時間逐漸熟悉各種變化球。

相反地，打者 B 為了維持自己在二十多歲時的擊球速度和力量，每天都練習到凌晨一、兩點。可能是因為練習的過程太過放鬆，真正在比賽時的揮棒速度反而較慢。B 為了保持實力而進行的練習，卻違背了自己的意志，對比賽產生負面影響。最終，他連一次安打都沒有打出去，就此黯然隱退。

大多數的運動選手就像打者 B 一樣，只要體力下降就會開始急躁，不安感也變得更加嚴重。此時，最好客觀判斷自己的身體能力。然而，選手通常會選擇用過度的練習來消耗自己。因為目前還不能承認自己的體力已經不如過去的事實。一旦承認，就意味著他們的選手生涯已經結束。

然而，一直逃避自己目前的狀態，最終也會引發問題。因為過度的練習不僅耗費大量體力，也無法擺脫不切實際的目標，對情緒的消耗也很大。

精神分析學將這種狀態稱為「情緒化思考」。情緒化思考指的是不根據客觀事實或邏輯，憑藉情緒進行推論或下結論。打者B認為自己「完全可以像二十多歲時一樣恢復實力」的自信，只是來自個人情緒的迫切願望而已。

如果是這種判斷，其根據就不是客觀性，而是主觀性引起的情緒化思考，這終將成為解決問題的絆腳石。此時，應該謙虛接受自己目前的狀態，並轉換成最大限度利用在目前的情況下占具優勢的策略。

實際上，上了年紀的選手可以抬頭挺胸面對二十歲出頭的選手，是以被譽為年長選手的巨額資產——經驗和資歷為基礎創造出來的結果。越優秀的選手，越懂得珍惜經驗和資歷。**依靠資歷預測事情的結果，可以讓過程和動機變得更加堅定**。

以賽季制進行的職業比賽中，剛從學校畢業的新人選手很難在賽季中迎頭趕上現有職業選手的成績。因為現有的職業選手會根據賽季開始前準備春季或夏季集訓的狀況，來制定整個賽季的計畫。此外，新人選手在賽季中很難判斷應該用什麼方式補充體力，也較能察覺在賽季陷入低谷時，到底是因為體力方面還是心理上的問題。

不過，經歷過十至十五年賽季的選手對此游刃有餘，因為他們經歷過試錯；他們在春季集訓時，會更加努力補足自己在上個賽季的不足之處。因此，作為取得最佳結果的準備過程，年長選手們相當重視春季集訓，同時因為可以提前預測這一過程的結果，參與的動機更加強烈。

B級選手如果認為自己在上個賽季表現良好，就會只滿足於這個成績，甚至想要加以維持。然而，A級選手會重新檢視自己在上個賽季為什麼可以創造優異的表現，並且複習在賽季前和賽季中的管理體系。以過去的經驗為基礎，事先知道未來可能會發生什麼狀況的選手，較不會感到不安，效率也會隨之提高。這樣的選手也更能欣然接受自己因為上了年紀而體力下降的事實。

金雅朗以二十六歲為分界點，開始感覺自己的體力大不如前。雖然也曾經找出過去比賽的影片來研究，並且利用各種方式努力，卻依舊無法重現當年的體力和表現。後來她意識到，如果一味追求過去，可能會踏上毀滅自己的道路。然後，她心想：「從現在開始，把我可以做的、我擁有的東西變得更加堅固吧！」、「經驗越豐富，失誤就越少。光是減少失誤，就可以做到很多事。例如，可以好好進行我的比賽。」

因此，即使無法像以前一樣消化艱難的訓練，金雅朗也不會覺得不安。現在為了更長久、更順利地運動，她會更加注意不要讓自己受傷等細節，一邊觀察自己的身體，一邊進行訓練。

正面的人就算懷念自己的全盛時期，也不會把過去帶到現在。那個時候做得好，是那個時候的事。現在則可能因為其他方面，找到做得好的合理依據。他們會相信這一點，並且為了實現這一目標而努力。如果以金雅朗的方式來表示，那就是：「我的經驗豐富，和以前相比相對不會緊張，也更懂得應對各種暗流。」不再是以前那個力氣大、耐力好的「二十歲出頭的金雅朗」，而是經驗豐富、享受比賽運作的「現在的金雅朗」。正面的人懂得把焦點放在現在而不是過去。

我不想勸別人一定要成為正面的人。只不過，我們必須知道正面的人會如何思考，以及那樣的思考方式為何會產生好的結果。人生過了一定的程度，就會知道在該放手的時候要放手，該抓住的時候必須抓住，才能夠更快獲得機會。假如拘泥於過去，反倒會與進化的本性背道而馳。

如果因為失去目標而感到無力

一名五十多歲的女性來找我，帶著憔悴的表情這樣說道：「我沒有什麼煩惱，可是為什麼這麼憂鬱呢？其他人也叫我不要身在福中不知福。老大考上了醫學院，老二也考上知名大學的法學系，他們不懂我到底在擔心什麼。過去六年間，我只顧著照顧孩子，以為只要推甄一結束，我的心情就可以放輕鬆，開始擁有只屬於自己的時間，但是當孩子們真的各自考上了理想中的志願，情況卻和我想的不一樣。現在的我不知道該做什麼。」

在四十歲中後期到五十歲出頭的女性中，常常有人出現這種憂鬱症狀。她們異口同聲表示，在把子女送進大學後，失去了應該做什麼的目標。這代表她們把自己視為「送孩子上大學的人」，就這樣生活了十幾年。像這樣生活下去，不管做什麼事，都不如照顧子女那樣有意義，甚至還會覺得微不足道，所以總是陷入無力感之中。

在表示無力感的英文單詞中，「helpless」是其中之一。光看「給予幫助的（help）生活消失（less）」的詞義組合，就可以推測出無力感源於「任務的消失」。

一名中年女性因為相同的原因而罹患憂鬱症。然而，不知道從什麼時候開始，她不再來找我諮商了，於是我找了機會詢問她的近況，她卻告訴我自己迷上了書法。她從結婚前就一直很想學習書法，但後來為了照顧子女而忙得不可開交。最近參觀了朋友的展示會後，她有了在子女結婚時，用親手寫的毛筆字製成屏風，送給他們當新婚禮物的目標。這是多麼美好的夢想啊！

雖然所有的父母都希望子女過得順利，但是到了人生的某個階段，子女總會長大成人，不再需要父母的照顧。因此，只有提前準備好要用什麼來填補這個時期，老年生活才不會被憂鬱纏身。

獲得金牌的選手也有陷入類似憂鬱感的情況。經過艱苦的訓練，終於摘下夢寐以求的金牌，但是自此之後，目標似乎突然消失，讓這些選手開始變得憂鬱。甚至就算想到下一場比賽，也很難產生熱情。因為他們在很長的一段時間裡，都是一名「以奪得金牌為目標的選手」。

目標和認同感是互助的關係。**目標可以維持認同感，而認同感又可以強化目標**。雖然平時可能不會意識到，不過我們都是在實現目標的過程中，充實自己的生活。體驗一一學習的樂趣，同時感受到實現目標的自豪，並從中確認自己存在的意義。如果沒有目標，我們的生活就會無力地崩塌。

明星選手為了預防出現這種無力感，喜歡在運動時創造「我是〇〇項目的選手」的認同感。他們有時會盡情享受觀眾的歡呼，有時則會從自己技巧的進步中得到快樂。在與一起運動的夥伴建立的關係中，他們也能夠找到快樂。比賽的成績固然重要，不過在運動過程中會經歷的所有情況下，透過關係取得活力也很重要。

如果沒有新的目標，站在花式滑冰顛峰的金妍兒選手，就只會停留在「奧運金牌得主」這個身分上。然而，對她來說，金牌只是眾多目標之一。她之所以能夠理直氣壯說出「想要享受花式滑冰」，是因為她很早就認知到只追求金牌這個目標的選手生活，會讓自己的人生變得多麼單調，又會背負多大的壓力。

如果想要變得幸福，比起一心為了成功向前看，更應該專注在均衡的生活內容。成功的方向大概是一條直線，只有這樣才能快速登上高處。但是，沿著直線奔跑並取得成功的人，往後的方向一旦稍微出現偏差，就會陷入混亂。「這是怎麼回事？我全神貫注好不容易爬到這裡，接下來居然都是下坡路？」空虛的感覺就這樣湧上心頭。

只追求一個目標的人，會專注在那個目標上，沒有時間顧及其他事物，也無法在目標以外的人生中找到快樂。不過，追求均衡的人生活方式卻大不相同。他們懂得享受各種人生目標。均衡的人生是指，在多種目標相互協調的情況下往前進，我們可以夢想在達成A目標的同時，也登上B高地。

試著同時設立兩、三個目標吧！如果建立互有關係的目標，可能會比預期的還要更快登上高峰。這個世界太廣闊、要做的事情也太多，實在沒有時間沉浸在無力感之中。

設定目標時，同時賦予其意義

發展自體心理學（Self Psychology）的海因茨・寇哈特（Heinz Kohut）表示，為了情緒上的生存，需要「自我客體」（self object）[13]。自我和客體（object）的合成詞——自我客體代表構成自己的一部分。父母和子女互為自我客體。對於工作狂來說，工作就是自我客體。像這樣在自己的生活中，比衣食住更珍貴的人、事、物，即為自我客體。

擁有自我客體的人，即使得不到又大又好的寶物，也會像擁有全世界的人一樣，過著充實的生活。因為擁有自己最想要的東西所帶來的滿足感，會消除其他欲望。

但是，不管是什麼，如果偏向其中一方，一定會產生副作用。沉迷於自我客體，並把目標放在第一位的生活並不健康。尤其，如果認同感被目標蠶食，對於外界給予的評價就會變得敏感。因為對勝利的執著會讓我們失去自己的風格，也無法制定出最佳對策。

因此，在制定目標時，首先要考慮這個目標是否具有充分意義。在設定目標時，如果沒有賦予意義，那去實踐的意志就會減弱，因為意義是實現目標的理由。讓我們問問自己：「今天的安打有什麼意義？今天的報告對自己或我們部門有什麼意義？」只有說出明確的答案，才能知道實現目標的方法。

比起渺茫的希望，最好給予具體的信任。我們真的很喜歡「希望」這個詞。但是，根據情況的不同，希望這個詞，有時聽起來也會像是缺乏自信或不現實的願望。比起「如果可以這樣、那樣就好了」的籠統願望，試著用「以後會這樣做」或「計畫在一週內改變報告格式」的方式，為自己的目標注入信任和確信吧！

5 機會留給準備好的你

危機後面有轉機，轉機後頭藏危機

英雄史劇的共同點是「苦盡甘來、危機之後就是轉機」。從故事情節來看，沒有一開始就出生在良好的家庭，最後還能夠平順結束人生的主角。大家都需要克服低賤的身分或不幸的環境等條件，才能獲得成功。此外，成功後又失敗的情況並不多見。從順序看來，一定是先失敗再成功。

棒球比賽中也出現了這樣的順序。在棒球解說中，出現頻率最高的臺詞之一就是「危機後的轉機」。以無失分阻擋了無人出局、滿壘危機的球隊，往往在下一局進攻時能夠得分。看到這一場面的球迷們通常也覺得「果然如此」。

從心理學的觀點來看，危機後的轉機是非常有道理的。當大腦發出「大事不妙」的信號和「現在已經擺脫危機」的信號時，神經的反應各不相同。亦即，一旦出現危急情況，後衛就會陷入極度緊張的狀態，而大腦就會向全身傳達「大事不妙」的信號。危機信號會盡可能減少身體的動作，讓我們完全集中精神在緊急狀況上。當然，此時肌肉會收縮，動作也會停止。如果接收到這樣的信號，選手平時自然進行的動作，也會變得莫名其妙地僵硬，最終就會導致失誤。

不過，如果順利度過危機，就會向大腦傳達「得救了」的心理安全感，讓肌肉和思緒放鬆。此時，肌肉和思緒的靈活性可以擴大執行能力的範圍，提高得分的機會。危機之後會出現更多機會、得分亦較多的原因也出於此。

你也陷入「非黑即白思想」了嗎？

在一場棒球比賽中，有一位選手被界外球擊中腳踝而受傷，之後再次回到場上。他原本一直待在二軍，好不容易獲得久違的機會，在一軍活躍了一個月左右，卻又再次受傷。那正是他覺得「終於開始順利了」的時候，因此，他只能在復健期間一邊怨恨自己不夠小心，一邊忍耐著。他曾數次因無法克服絕望而想過放棄棒球，但因為父母的期待，以及在一軍短暫體驗到的那份希望，他最終沒有放棄，撐過了那段時間。

然而，即使身體恢復了，他卻完全感覺不到喜悅，也無法像從前一樣提起對棒球的熱情。隨著重返賽場的時間越來越近，他只覺得越來越不安，不知道該用什麼心態面對棒球，也不知道該如何準備。

這位選手陷入了只要有一件事失敗，其他事物也會變得毫無意義的「非黑即白思想」（all or nothing thinking）狀態。在這種心理狀態下很容易感到挫折，他大聲喊道：「全部都完了。一切都化為泡影！」。陷入非黑即白思想的人認為，如果某件事不能完美地完成，一切就只是徒勞。

然而，這不是努力的結果或失敗的經歷，而是邁向成功的必經之路。如果努力去失敗，成功的機率也會提高。我們之所以會說「失敗是成功的墊腳石」、「失敗是成功之母」、「危機後會出現轉機」，正是因為失敗和危機總是伴隨著成功與機會到來。

發現危機背後有機會的人並不罕見。韓國因為ＩＭＦ外匯危機而破產後，有人從谷底重新開始，再次創造成功神話；也有人因為交通事故導致的殘疾，原本絕望到想結束自己的一生，後來反而幫助比自己過得更困難的人，過著幸福的生活。這都是多虧了在陷入困難的時候，我們懂得環顧四周，並且去感受、學習。

人生的道路不像真正的道路，有指引正確方向的路標。人生在世，有時會站在艱難的道路上，有時也會不知不覺走上成功之路。也就是說，我們很難推測成功和失敗的開始與結尾。如果現在正經歷著艱難困苦的時期，最好抱著「我已經踏進成功之路的入口了」這樣的心態。沒有困難就沒有變化、沒有創新，更不會有成功。

對於運動選手來說，受傷是很大的危機。金雅朗選手會如何克服受傷帶來的危機呢？

「那是發生在距離平昌冬奧還剩兩年左右時的事。因為腳踝持續受傷，我的競技狀態也越來越差。結果，在應選出八名國家代表選手的二〇一六年至二〇一七年賽季國家代表選拔賽上，我只得到第九名，無法成為國家代表選手。

「只要再多贏過一個人，就可以進入國家代表隊，怎麼可能不覺得可惜？當時，媽媽對我說了一句話：『現在一步一步治療受傷的部位，等到完全恢復健康之後再好好表現吧！這麼一來，你反而有了可以慢慢鍛鍊身體的時間。』

「因為這一句話，當時我傷心的心情消失了，而且一想到要重新準備挑戰，就感覺很期待。我心想：『對啊，沒辦法。既然摔倒了，順便撿一些東西再站起來吧！』這段時間只顧著向前奔跑，現在反而有了重新整頓的時間。

「如今回想起來，我覺得可能是因為當時有好好停下來，我才能夠一直堅持到今天。當時的我實際上是為了前進兩步而後退一步。最後，我在那個賽季從基礎康復開始鍛鍊好身體，並且利用這股力量，我拿到了生涯第二場奧運——平昌冬奧的入場券。」

不管是哪一種項目，表現出色的選手幾乎都帶著傷生活。因為必須挑戰人類的極限，對身體造成負擔也是無法避免的。有些選手因為受傷，結果比預期的還要早中斷運動，不過也有些選手明明受過傷，運動的時期卻比想像的還要長。當然，也有因為傷勢太過嚴重，不得不放棄運動的選手。但是，除了這種狀況，因傷退出運動的選手與長期從事運動的選手之間的差別，主要在於如何對待這些負傷。

與負傷同行的選手會一邊撫慰傷痛、一邊前進，就像帶著不斷抱怨的朋友一起旅行，這些選手會安撫著身上的傷，同時帶著它們一起邁向自己的目的地。然而，那些想要與身上的傷分道揚鑣的選手們，不是被負傷纏住而無法前進，就是在抵達目的地後，依舊必須聽從身上的傷埋怨自己。

我的意思並不是要求大家就算受了傷，還是要繼續運動。我的鐵律是，受了傷之後，直到可以再次站上舞臺之前，必須先充分休息再開始運動。不過，我想要指出的問題是，雖然體能教練或醫生已經判斷可以繼續運動，但是由於選手本身的完美主義傾向，或因為選手本身仍猶豫不決，有很多人因此無法重新開始運動，或者充分發揮應有的水準。

選擇安撫身體負傷的選手就像金雅朗的例子一樣，會針對自己的身體制定恢復計畫，並且在身體確定恢復後，為了實現最重要的目標而再次建立計畫。也就是規劃如何恢復體力、要將能力提高到什麼程度，並考慮依據此時受傷的程度，我可以發揮多少力量等。這麼做，就是和身上的傷一起前進。

最近，金雅朗選手為了治療舊傷，做了一個很重大的決定。她決定暫時放棄國家代表選手的機會。「與其繼續勉強自己，為了走得更遠，我認為現在應該暫時停下來重新調整。於是，我決定專心進行復健和治療。」金雅朗為了參加二〇二六年二月舉行的米蘭冬奧，將挑戰二〇二五年四月的國家代表選手選拔賽。

話說回來，就算是一般人，難道我們就沒有受過傷嗎？無論是心理層面還是身體層面，每個人或多或少都帶著一些傷。有時候，如果我們仍背負著尚未痊癒的傷口，是否會因為傷尚未痊癒，就索性停下腳步，覺得無法正常生活？即使周圍的人認為「這種程度應該可以行動了吧」，自己卻仍因為「我還沒完全好」，而裹足不前、陷入退縮，這樣的心態也值得我們反思。

建立自己的心靈恢復計畫，並且在恢復到一定程度後，試著調整精神以達成目標吧！然後，利用恢復的精神制定生活計畫，看看自己可以再發揮多少力量。

為即將到來的機會做好準備

這是發生在很久以前的事了。有一天，和我同在醫學院就讀的朋友道賢，在幾杯黃湯下肚後說道：「不是有句話說，人生中會有三次機會嗎？過了四十歲之後再看，我的機會已經來了兩次。那麼，我人生的最後一次機會是什麼時候呢？」

我反駁朋友的話。

「什麼叫已經遇到兩次機會了？那些所謂的機會，一定要在四十歲之前出現嗎？不可以出現在六十或七十歲嗎？」

我看著道賢一路成為個人診所院長、組成幸福的家庭，總覺得他的幸福並不是什麼偶然的機會所帶來的，而是理所當然的結果。也因此，我認為那些尚未到來的機會肯定會更有意義。當我這樣說的時候，已經經營診所五年、感到疲憊的道賢瞪大眼睛，興奮地說：「對啊！我怎麼都沒這樣想過呢？」

我們現在生活在平均壽命百歲的時代。人生才過了一半就放棄夢想，是過分限制自己的價值和目標的行為。也許道賢不會遇到所謂的「機會」——如果他想要的是比目前更大的社會價值。

朋友的夢想是到了天命之年後，與家人一起環遊世界。以社會價值的角度來看，環遊世界與從事醫療工作相比，有可能非常微不足道。大部分的人可能會對醫療工作賦予更大的價值。但是，透過環遊世界獲得的喜悅和新生活的意義，對朋友來說可能具有更大的價值。因為個人價值和社會價值一樣重要。

在運動比賽中，機會也不知道什麼時候會降臨。所以選手和觀眾整場比賽都十分緊張、投入。大家常說，棒球比賽要等到九局下半，而足球比賽要等到上、下半場共九十分鐘結束後才能知道結果。這句話的意思是，就算在九局下半兩人出局，或是下半場的第四十四分鐘，機會還是有可能出現。

嚴格來說，應該得分的機會卻沒有成功得分，就不能算是機會。說不定這一切都只是為了在九局下半得分的必經過程；而足球比賽上、下半場的八十九分鐘，也是為了在比賽結束前一分鐘攻入致勝球所預備的時間。在人們的記憶中，大部分的精彩比賽都是在比賽結束的瞬間，出現反敗為勝的壓哨球（在比賽結束鈴聲響起的同時進球）。

無論成功與否，你仍可以想像一下，你或你們的隊伍還有很多機會，這將成為建立新目標和新希望的好方法。

6 擺脫壓力、享受工作的方法

「享受工作」這句話的真正含義

「我覺得自己好像把靈魂都給了數字。現在的我很害怕寫投資報告。」

成敏在人人稱羨的證券公司研究部門工作，負責分析股市並製作報告。投資者將以該報告為基準，決定該如何投資。從這一點來看，研究部門在證券公司裡是不可或缺的核心。成敏也因為自己成為能夠對經濟或股市造成影響的人之一而感到自豪，所以即使工作辛苦，他也能夠撐過去。

但是，最近一到公司上班，打開電腦的瞬間，壓力就會朝他襲來。只要看到螢幕上的股市視窗，心情就變得很憂鬱。感覺好像每天早上都會收到負的成績單，所以他覺得很自責。再加上，最近公司很難吸引投資人，於是要求每位員工都開設一個新的基金帳戶。由於必須做自己不想做的事，讓成敏的壓力達到了極限。

不是只有上班族才會經歷這種心理上的痛苦。擔任十五年全職主婦的英蘭也覺得壓力很大。隨著孩子長到一定的年紀，已不再需要她的幫助，英蘭迷上了拼布，沉迷到甚至不知道時間是怎麼過去的。畢業於美術學系的她，手藝與眾不同，進度也比其他學員快，因此獨占了講師的注意。

在學習拼布的兩年內，英蘭的作品引起了人們的注意並開始被高價賣出。隨著訂單量越來越大，她還開了一家小規模的實體店。然而，在準備開店的六個月間，英蘭的壓力非常大。由於是在商圈裡較好的地段開店，所以店面的租金不低。考慮到昂貴的租金，應該努力讓生意更好。出於各種負擔，原本以興趣開始的拼布，現在卻為她帶來壓力。

對於成敏和英蘭來說，工作比起「快樂」，更接近帶著責任的「負擔感」。雖然兩人認為自己喜歡工作，但是嚴格來說，他們享受的是人們對產品的喝采和關注，而不是工作本身。

如果相信自己喜歡工作，但是在結果或成果不如預期時，對工作的質疑會湧上心頭，並且需要花費很長的時間才能恢復以前的狀態，就代表你更享受的是透過成果得到他人的注意，而不是工作本身。

外部評價與自我評價的平衡

享受工作取決於「外部評價」和「自我評價」之間的平衡。對於外部存在的過高評價，或是對自己的貶低評價，可以用心理學家羅納德・費爾貝恩（Ronald Fairbairn）提出的「過渡期依賴階段」中發生的心理狀態來解釋[14]。費爾貝恩表示：「恐懼症、強迫症、歇斯底里、偏執狂會在孩子的心中，經由內心或外在對象的過度接受和拒絕過程後出現。」

讓我們一個一個說明吧！首先，恐懼症是逃避和回歸外部對象之間的衝突。這指的是孩子在想要離開母親時感受到的分離恐懼，以及有可能完全被困在媽媽懷裡的恐懼之間，孩子們感到左右為難的情況。

強迫症是存在於排出和擁有內心對象之間的矛盾，也就是孩子擔心驅逐自己內心的對象而變得空虛，或是害怕擁有內心的對象而被摧毀，因此感到不安。

至於歇斯底里，指的是強力接納外部對象，並過分輕視自己的情緒狀態。因為高估了外部對象，覺得別人看起來都很優秀，所以很關心外來的視線。如果被他們認可，心情就會變好。

最後，偏執狂意指將外部對象視為迫害自己的人而強力拒絕，是一種極度重視、接納自己的情緒狀態。

如果對於外部對象過分在意，就會迷失自我，渴望得到他人認可；反之，如果只關心自己，則可能對自己想法及行動不負責任，反而把責任推卸給外部對象，或是轉而指責。

如果過度在意那些外部的對象，就會像恐懼症或歇斯底里一樣，只專注於外部的評價（結果）；至於過分注意內在的對象，就會像強迫症或偏執狂一樣，將注意力集中在過程。無論是哪一種情況，都無法正常工作。

如果無法避免，就乾脆享受吧！

我和選手們以「享受運動」為主題，進行了多次對話。運動解說家和評論家在評價選手時，也經常使用「享受運動」的讚美。此時，「享受」一詞是指選手拋開成績和評價，自行改善、提升自己在比賽上的表現。想想那些活躍在世界舞臺上的明星選手，假如他們不享受自己的表現，絕對無法取得這樣的結果。

在比賽開始前，為了減輕心理壓力，總教練經常對選手們說：「好好享受比賽。」此時，享受比賽的意思就是集中精力打好自己的比賽。因為，若選手過度專注在比賽結果，就會感覺到負擔，導致比賽的執行能力下降。

舉例來說，假如即將完成三周半跳（跳起後旋轉三圈半）的花樣滑冰選手，在躍起的同時心裡想著：「這次自由滑冰的總分要超過兩百分……」像這樣執著於比賽結果，在做出高難度技術時，失誤的機率很高。

相反地，如果專心在三周半跳的動作，心想：「想要跳得高，在開始旋轉之前膝蓋要稍微彎曲，同時下腹用力……」成功率就會提高，也可以專注在接下來的動作。這就是選手享受比賽的方法。

金雅朗也表示：

「以二〇一八年平昌冬奧（二〇一七年至二〇一八賽季）為起點，我的心態似乎發生了很大的變化。

「二〇一六年至二〇一七年賽季，在關係到亞運會的國家代表隊選拔賽上淘汰，對我來說也是很大的轉捩點。多虧於此，我才能專心進行復健，在各方面都可以重整旗鼓。因為身體鍛鍊得很好，我最終才能獲得前往平昌冬奧的門票。一直以來我都只知道向前衝，但這次的淘汰讓我相信一切都有其時機。

「努力準備了一年的比賽，真正到了比賽前，我的目標卻不是拿第一。不過，我也不是沒有欲望。只是，我為了這次的比賽盡了最大的努力，所以不管出現什麼結果，我都做好了接受的準備。當時的我覺得，怎麼會這麼累、這麼痛苦，不過我抱著『神只會給我可以承受的痛苦，所以這一定是試煉。我會自豪地帶著笑容克服』的心情去嘗試，如果最後還是沒有成功，那也沒辦法。我心中帶著這種單純的想法。

「就像人們常說：『如果無法避免，乾脆就享受吧！』其實，在比賽前，父母經常對我說：『你就安心去享受比賽吧！』這麼一想，每個瞬間其實都有其趣味。最後，我真的可以一邊享受，一邊參加冬奧。」

從那時開始，金雅朗才明白享受比賽的意思。實際上，當時在介紹選手的時候，她戴著護目鏡的雙眼流露出笑意的樣子成為了話題。金選手說：「當時的我非常緊張，但是真正踏進比賽場地後，我卻興奮了起來。」她想說的是：「我真的很努力準備了，現在一想到要展示我準備的東西，就覺得很興奮。」

實際上，當我和年紀較小的選手們聊天時，發現他們無法分辨「享受比賽」和「比賽表現好」這兩者的差別。也就是說，成績不好時，他們就覺得自己那天沒能享受比賽；成績好時，就認為自己有好好享受比賽。我還聽某位退役的著名選手說過：「比賽表現不好就什麼都完了，最重要的就是要表現好。連比賽都比不好，哪來的享受可言？」聽到這樣的話，我只能想，他運動了二、三十年，卻從未真正享受過，他的運動生涯肯定非常辛苦。

享受比賽的感覺，可以從計畫、過程、結果這三處獲得。不只是感受到快樂的情緒才可以稱為享受。喜、怒、哀、樂都感受到了，才叫作「享受」。首先，享受計畫就是思考如何籌備比賽、在這個過程中可以得到誰的幫助、我該做出怎樣的反應、如何為那些給我回饋的人帶來快樂。我的表現會依照計畫發生有意義的變化，萬一計畫錯誤，就在過程中修改計畫並重新執行，確認該計畫是正確的，這就是享受過程。

而且，即使不是第一名，也要了解在緊張的比賽過程中，自己計畫並練習的表演可以呈現多少，這就是在享受結果。先前提到金雅朗選手在比賽前，想起了「神只會給我可以承受的痛苦」這句話，這可以視為同時在享受過程和結果。

懂得享受工作的人，很清楚自己什麼時候可以做好工作。遊樂園的雲霄飛車之所以有趣，是因為它可以讓人們體會到上下起伏的樂趣。

人總是希望能夠自己親手改變結果，無論過程如何，都想得到自己期盼的收穫。但是，之後回想起來，那些又笑又哭的過程反而讓我們記憶猶新。要想享受人生，首先要擺脫對結果的執著。在不斷反覆跌倒又站起來的過程中，我們可以學到更多東西，並享受更多的樂趣。

7 長年累積緊張和疲勞，現在你需要的是……

一天之中，什麼時候開始當運動選手

在運動精神醫學中，經常問運動選手的問題之一就是：「一天之中，你什麼時候開始當『運動選手』？」這和詢問上班族「你的上班和下班時間是什麼時候」可說是一脈相承的問題。有的運動選手會回答說：「我整天都想著運動。」另外，也有教練說，要想成為優秀的運動選手，就必須把一整天的時間完全用在思考運動上。

不過，我們可以把職業運動選手想成專門從事運動的上班族。因此，對他們來說，「什麼時候開始進入一名運動選手的狀態」是相當重要的問題。但是，如果整天都過著運動選手的生活，完全投入在運動中，不能和朋友見面、不能和家人一起度過美好的時光，也無法培養興趣，便無法擁有均衡的生活。這就像上班族整天都只想著工作，連下班後也過著不像下班的生活。

有些選手或教練總是把運動放在第一位，為了平時的身體管理而不喝酒、不抽菸或減少攝取，選擇吃對身體有益的食物，也避免從事危險運動或前往危險的場所，但這件事應該從另一個角度來看。也就是說，他們是為了避免過度飲酒對「隔天的」訓練造成影響；就像一般上班族在聚餐時喝太多酒，會影響隔天的上班表現一樣，無節制的飲酒也會對運動造成影響。

美國職棒對「一天之中，成為職棒選手的時間該從什麼時候開始」有不同的意見，包括：踏入球團主場、進入更衣室、換上隊服、比賽開始前進行熱身練習等。這就像是在討論東尼・史塔克（Tony Stark）從什麼時候才算是鋼鐵人——是穿上鋼鐵裝那一刻？還是他平常只是個怪咖時也算是鋼鐵人？雖然說法很多，但或許還是得等到他穿上那套閃耀紅金色的鋼鐵裝，才真正算是鋼鐵人吧？

美國職棒選手之所以對「成為選手的時間」如此敏感，是因為他們在多年的經歷後意識到，個人的私生活、與家人之間的關係、與朋友的往來等，最終都會與自己的幸福有關。而且，只有擁有這樣的幸福，才能在美國職棒大聯盟的舞臺上長期生存下去。選手們在世界頂級選手雲集之處承受著極大的壓力，時刻感受失敗的挫折與成功的成就感，這時，與家人、朋友見面，或者在自己的祕密基地獨處等，度過沒有勝負和結果存在的時光，對於保持心理的平衡與安定非常重要。

金雅朗在開始讀研究所後，身為選手和不是選手的時間，自然而然被分開了；她說這提高了運動時的專注力。

「運動不順利的時候，如果改做研究所的作業或讀書，這會讓我覺得比較有趣。但是，當作業遇到瓶頸時，就會覺得：『好吧！還是運動比較好。』然後去運動。接著，等我運動回來，又會覺得：『運動果然很累，還是來讀書吧！』並且開始學習。但是在運動和研究所的課業都不順利時，我就會拍攝 YouTube 影片。這樣一來，即使覺得有趣，也會覺得運動更好，或是想要繼續讀書。這個過程是反覆循環的。過去總是一成不變的運動，像現在這樣輪流做新的事，反而會覺得很有趣。

「如果一直覺得有壓力，有時候會找不到答案。利用讀研究所和經營 YouTube 頻道往後退了一步後，我反而更可以集中精神運動了。」

精神分析學認為，在所有心理結構中處於最高的位置、可以決定我們思考和行動的執行機關是「自己」。只要愛自己，就可以在任何情況下正確執行自己。當然，這不是一件容易的事。其中一個方法就是在忙碌的生活中，為自己留一點喘息的時間。

然而，在「休息是罪」的思想占據主導地位的社會中，休假或旅行被視為失敗者或逃避現實的人才會做的行為。因為成功至上主義盛行，很多人無法理解思考或休息時間的價值。面對這樣的人，我會給予這樣的建議：「毫無意義地反覆（專注）對創造成果沒有幫助，反而會讓人陷入無力感或恐慌的狀態。有時候，暫停一下反而能帶來更好的成果，甚至成為提升速度的策略。」

大多數急躁的人，性格本身也比較急。這樣的人有必要了解從容與休息的重要性。就像從緩慢中領悟到快速一樣，我們也能在從容與休息之中，獲得提升自身能力的線索。

放鬆，有時讓你效率更高

「醫生，世界上真的有這種情況嗎？我是游擊手（站在投手後方，負責防守的位置）。但只要在比賽中打者一把球打出去，我突然就看不見球了。」

棒球選手勝宇雖然實力出眾，卻仍經常因失誤而毀掉比賽。從他緊皺的眉頭之間，我可以感受到深深的苦惱。這位選手很誠實，他很聽從教練的指導。透過諮商，我得知這位選手過於努力集中精力在比賽上。他在站上打擊區之前，就處於戰鬥狀態。不論在投手投球時，或是投球間隔稍微長一點的時候，也不會放鬆專注力。也就是說，在比賽的過程中，他連一刻也不允許自己休息。

我們身體的自律神經系統，由交感神經和副交感神經組成。交感神經有調節心臟強弱、血管收縮、瞳孔擴大等作用。副交感神經則在我們的身體興奮或緊張的程度升高時，會抑制心臟跳動，發揮調節身體平衡的作用。

如果交感神經緊張，掌握朝自己飛來的球的動態視力就會下降，導致防守出現漏洞。為了防止交感神經的亢進，我建議勝宇可以稍微「不誠實地」進行防守。例如，打者站上打擊區時，可以注視賽場上的其他地方；而在投手開始投球時，就要採取防守動作。我之所以這樣叮嚀他，是為了讓處於興奮狀態的身體暫時穩定下來，使其處於放鬆狀態。

當然，由於之前的習慣，勝宇沒有馬上達成我的要求，但是在過了五場比賽後，他成功實踐了這一點，並開始感受到放鬆的滋味。隨著副交感神經的活躍，緊張感會降低，動態視力也會變好，最後明顯減少比賽中的失誤。

金雅朗在比賽中也會有緊張的時候。對於短道競速滑冰來說，分組會對比賽結果產生不小的影響。但是，在情況多少有些不利時，發生沒有預期到的事情時，就會感到緊張。另外，由於身體狀況不佳，萬一與計畫不同，如果在比賽中落後或接連出現失誤時，都會陷入緊張狀態。

此時，金雅朗會專心在「自己應該做什麼」，並進行深呼吸。雖然這聽起來沒什麼大不了，但是在緊張的情況下，深呼吸其實是有幫助的，深呼吸會使身體放鬆並降低緊張感。這些方法如果運用得好，就可以獲得正面的結果。

運用「重現時間」，檢視生活上的角度

有時候，棒球選手或高爾夫選手會突然失去揮棒或揮桿的手感。此時，我和選手一起做的事，就是像看慢動作影片一樣，緩慢地重現動作。

這個方法有兩個優點。其一是將通常不到兩秒的揮桿時間延長為十秒、二十秒，讓選手感受在短暫時間內沒能感受到的感覺。無論是高爾夫球的揮桿還是棒球的揮棒，局部動作上的小角度誤差或缺點，在五十公尺、一百公尺後會被放大成明顯的差異，因此這個步驟很有意義。

我們的人生也是一樣。在從早上起床到晚上入睡為止，每一刻都忙得不可開交的生活中，很多人失去了有關自己究竟在做什麼、自己的人生正在如何變化的感覺。

對於這樣的人，我有時會讓他們想像把一天慢下來的模樣。假設平常的行程是早上起來後到公司上班，並在下班後去英語補習班、和朋友見面喝杯啤酒，最後再回家。那麼，可以試著省略英語課和啤酒，直接回家休息，然後隔天再上班——把這整個流程在腦中模擬一次。讓原本只剩五個小時的休息時間拉長到八個小時，便能體會到怎麼做可以更有效率地推進生活，甚至重新感受到自己為什麼要做某些事的初衷。

如果對自己的人生沒有任何感觸，漠不關心地度過每一天，幾年後的生活依然會呈現被擱置的狀態。在高爾夫比賽中，OB（out of bound，將球打出比賽區域）和平坦球道（fairway，草坪修剪得均勻，方便擊球的地方）的差異，取決於揮桿動作中相差不到五度的軌道。因此，我們也應該認真思考一下我們在生活上的角度。

有能力的教練，都懂得讓選手休息

為了展現最好的表現，各位現在應該明白均衡生活的重要性。此時，無論強調再多次還是不夠的是「休息」。

即使身體疲憊、緊張導致表現不盡理想，眼前的勝負帶來的緊張感卻讓人無法接受休息。無視過程與效率只專注於結果，只會讓我們在不安和焦慮中，從事毫無意義的體力勞動。我們的大腦在身體疲憊或感受到壓力時，會集中精力避免疲憊、減少壓力。

這樣一來，平時透過練習專注於比賽表現的大腦，就會專注在讓身體放鬆，導致比賽時的專注力相對降低。許多有能力的教練從選手時期就深刻體會這一點，所以在成為教練後會做出讓選手及時休息的決定。

優秀的總教練或首席教練在職業聯賽進入中期後，會給選手團適當的休息時間。在每一場比賽都會影響整個賽季成績的賽季中期，為了獲勝，大多數總教練或教練都想多進行訓練。然而，此時能夠穩定不安情緒、讓選手休息的指導者，才是真正有能力的指導者。

我們的日常生活也是如此。身體疲累或肚子餓時，我們的想法只會集中在休息和吃東西上。為了生存，人體的結構就是這樣。為了增強精神力，沒有必要故意讓自己肚子餓、讓自己勞累。休息是進入下一階段的短暫停頓，也是開始下一階段的前奏。

哪怕是週末，也要暫時放下工作，稍事休息。如果對長時間的休息感到罪惡，最好經常讓自己擁有短暫的咖啡時間或閒聊時間。短暫的休息有助於恢復疲勞，並調整工作節奏，甚至對激勵自己也有幫助。被某件工作淹沒時，我們的雙眼通常看不見失誤，但是如果暫時抽離，就可以保持客觀的距離，讓我們一眼就看見錯誤之處。這就是休息的魅力和優點。

✷ 明星選手的五種行動習慣 ✷

與選手進行諮商時，即使不具體詢問他們的實力和年薪，也可以迅速分辨出優秀的選手和不優秀的選手。優秀選手的認同感明確、自主性強。這類運動選手有幾個特點：

1. 懂得根據情況選擇最優先的事

這是非常重要的能力。無論實力有多強、與他人的關係有多好，都無法同時讓自己和隊友、球迷、媒體、總教練、教練、父母滿意。自我認同感明確的選手會根據情況，選出應該最優先滿足的對象，再依照優先順序解決問題。亦即，有效利用選擇和專注的能力。

從認知功能來看，這類選手的選擇性專注力很優秀。主要負責選擇性專注力的大腦部位是扣帶迴

（cingulate gyrus）。有趣的是，扣帶迴是調節大腦杏仁核（amygdala）產生焦慮訊號的主要器官之一。也就是說，當杏仁核在外部刺激下感到驚慌失措，連驚嚇的強度都無法掌握時，扣帶迴會掌握來自外部的不安強度，並且確定優先順序，以便做出適當的反應。

2. 懂得適當分配工作與休閒的比例

認同感穩固的明星選手不會進行沒有目標的盲目練習。對於興趣愛好，也會選擇不妨礙自己運動的項目來享受。如果興趣妨礙了運動，導致自己感到疲憊不堪，就會果斷放棄。

金雅朗選手的愛好之一就是料理。由於最近搬離宿舍展開獨自生活，擁有了個人空間，她開始喜歡上料理。多虧於此，她覺得生活變得更健康了。

為了讓肌肉有效出力，需要適時用力或放鬆。這樣才能在短時間內獲得最大的力量。肌肉由肌動蛋白（actin）和肌球蛋白（myosin）組成，兩種蛋白像相互吸引一樣合併又分離，讓肌肉使用能量。但是，如果持續用力，肌動蛋白和肌球蛋白的能量使用率就會明顯下降，很難持續維持收縮狀態。

為了考上好學校、為了找到一份好工作，我們總是緊張地生活著。但是，如果保持這樣的生活，工作效率就會下降，且很容易感到疲勞。

3. 在意料之外的狀況下，也懂得靈活地修正目標

萬年止步於希望之星的選手，通常陷入自己的想法，耳根子也更軟，容易被他人說的話動搖。自我認同感動搖的選手一旦發生突發情況，就會驚慌失措，無法適應。在意料之外的狀況下，能夠靈活應對並修改目標，並不像我們想像中那麼容易。此時，觀察自己現在身處的是什麼樣的道路，有助於靈活修改目標。

明星選手在遇到自己沒有預料到的情況時會沉著應對。先努力自己解決，必要時再找人諮商。此時，他們已經提前想好要向誰徵求意見並請求心理諮商。

即使各種點子和忠告氾濫，明星選手不會輕易

行動；同時也不會固執己見，聽不進任何人說的話。

4. 同時預測好和壞的結果，並制定對策

認同感根深蒂固的選手不會過於樂觀或悲觀。他們擁有可以同時考慮好結果和壞結果的綜合觀點。這創造了時間、空間上的空檔，讓人們可以注意正在發生的事。綜合性的觀點源於自信，換句話說，不是被運動所支配，而是支配了運動。「今天因為失誤而沒能進球，其實是為了明天進兩球的事前彩排。」、「今天已經進了兩球，所以明天比起進球，更應該把重心放在傳球。即使不能得到很多分數，也不用著急。」用這種方式，從整體的角度支配比賽。

5. 對於已經發生的情況，懂得不逃避並負起責任

明星選手在發生需要負責的事情時，會仔細追究對錯，尋找適合的解決方案。也就是透過失敗來學習。這和透過練習得到的不一樣，因為接受的感情強度不同。比賽時的失誤令人印象很深。因為我

們的大腦杏仁體在與失誤相關的執行記憶過程中，會受到很多情緒的影響。雖然時間很短暫，卻可以儲存強烈的能量。

如果對比賽時發生的失誤置之不理，只會記得當時傷心的心情，但是若懂得用「執行記憶＋情緒」進行分析，就算遇到類似的情況，失誤的機率也會降低。這都是多虧了透過學習產生的自信。

附錄

給個人與組織的幾項建議

要如何取得最佳成效？

1 從區分個人與共同目標開始

假如你的團隊中有問題兒童

這是某位在業餘時期，舉國知名的籃球選手的故事。他在成為職業選手後，沒能成為主力選手，也沒有發揮出應有的水準，因此感到非常苦惱。與這名選手交談時，他總是在埋怨總教練無法理解自己。然而，總教練卻因為這名選手不懂得團隊合作，所以很難重用他。不過，從對籃球的熱情與投籃、快速運球等個人技術方面來看，他並不遜於隊內其他選手。

在初期諮商感覺不出任何問題，但是隨著面談進行得更深入，造成這些問題的核心逐漸浮出水面。那就是選手、總教練和球隊的目標不一致。球隊希望奪冠，教練夢想晉級四強，而選手的目標則是找回當年的名聲，提高自己在球隊的地位。

我為了引導這名選手找到三個目標的交集點，建議這名選手先接近總教練，因為他們看起來需要對話。然而，選手卻拒絕了。我判斷這個選手不喜歡總教練，所以為了消除誤會，我用盡了全力。後來我才知道，這名選手並不是不喜歡總教練，而是不知道該如何接近對方，總教練當然也不知道如何接近他人。

我在面談時小心翼翼地提出這一點後，這名籃球選手意外地輕鬆同意了。在接下來的諮商中，我一一告訴他接近總教練的時機、臺詞甚至表情，並讓他付諸實踐。當然，我也拜託總教練，如果這名籃球選手接近他，要用什麼樣的方式做出反應。藉由這樣的努力，總教練和選手之間逐漸有了對話。雖然只是短短兩個月的面談，不過無論是選手個人，還是他在隊內的角色，都發生了驚人的變化。曾是球隊內問題兒童的選手，如今成了帶領比賽、向其他隊友講解教練戰術的領導人物。

當這名籃球選手開始和總教練溝通後，具體發生了什麼變化呢？

第一，讓這名選手看清自己的任務對球隊的幫助。無論是體育團隊還是公司，每到年初，老闆就會出現並公布球隊或公司的任務和前景。然而，有時任務和願景過於抽象和廣泛，讓運動選手和員工產生脫離現實的感覺；有時範圍又太過狹隘，導致他們感覺不到可以拿來當成自己真正目標的價值。

這支籃球隊的總教練在年初提出「我們球隊今年一定要在第四節減少失誤」的目標。聽到這個消息的選手已經先開始擔心：「我是經常失誤的選手，所以他應該不會重用我，甚至可能會把我打入冷宮吧？」不過在兩人單獨進行的會議上，這名總教練對選手說：「你的失誤是做了很多嘗試才發生的，所以失敗率不是很高。為了讓球隊可以在第四節繼續衝刺，你一定要保持不疲倦的體力，進行更多的嘗試，不要害怕失誤。」於是，這名選手明確知道自己的任務，也明白這項任務對球隊會有什麼幫助。結果，不但對失敗的恐懼消失了，他的自信心也隨之恢復。

第二，隨著自己角色的變化，引起另一項新的改變。這位選手的成功案例，讓其他選手願意聚集在總教練面前。這名總教練在自己的辦公室前公布開放面談的時間，讓選手各自在希望進行面談的時段寫下自己的暱稱，然後在選定的時間進入辦公室自由交談。一名選手的變化，接連帶動了隊內的其他改變。

第三，可以完美理解作戰，並預測隊內其他選手的動向。自從開始和總教練溝通後，隊友之間的對話也變得更頻繁。同時，也會互相確認並溝通教練制定的戰術和規則。

第四，選手變得更加信任總教練。比賽初期要依靠總教練的作戰，但是比賽途中的作戰仍屬於選手。這名總教練後來還曾說：「事實上，上場選手沒有完成我設定的作戰任務。然而，比起我制定的作戰計畫，選手在場上親自制定的應戰方案，反而更容易在比賽中發揮效果。」藉由這樣的經歷，選手們對總教練的信賴不斷加深。

引導團隊的主動參與

在知名連鎖美髮沙龍擔任髮型設計師的貞慧，最近對職場生活的滿意度急遽下降。一直以來，她連海外雜誌都不錯過，不斷研讀並鑽研自己的風格；每當顧客對自己設計的髮型很滿意時，她都會感到非常欣慰。然而，現在的她已經不像以前那麼有幹勁了。

最近顧客的人數驟減，美髮沙龍的老闆單方面要求員工提前三十分鐘上班、延後三十分鐘下班，這讓貞慧的心裡感到很不舒服。老闆還說，如果美髮沙龍倒閉，就不再需要髮型設計師，因此當務之急是美髮沙龍的生存。但是，包括貞慧在內的髮型設計師都覺得，老闆似乎是把客人減少歸咎於無辜的自己。

「附近新開了幾家美髮沙龍，再加上最近經濟嚴重不景氣，才會導致顧客減少。這怎麼會是因為我們太懶惰了？」

兩個月後，隨著畢業和入學季節的到來，美髮沙龍的客人也增加了很多。老闆高興地表示，因為延長了工作時間，所以客人增加了，並提議暫時維持該體制。此後，與客人的多寡無關，貞慧與老闆的分歧一直持續至今。美髮沙龍的營業額雖然增加了，貞慧對職場生活的滿意度卻越來越低。

我們再看看另一個例子。某支球隊因為資深選手和新進選手不協調、比賽實力下降、頻繁更換球隊經理、成績不佳等負面消息而備受非議，引起球迷的怨聲載道。雖然更換了幾次總教練和選手，但是這支球隊絲毫沒有擺脫低谷的跡象。

我與球隊經理、教練組及選手進行了長時間的面談，結果可以看出，各自的目標非常明確。球隊經理把球隊的成績放在首位，教練組把培養選手和長期計畫放在第一位，而選手則把個人成績和消除不安視為首要目標。

從一支職業球隊的角度來看，這裡沒有一個目標是錯誤的。然而，問題出在三個群體的目標不一致。目標不一致的原因之一，就是各個群體沒有明確表明目標，只是偶爾藉由媒體透露自己的目標是什麼而已。

我最後向最能影響球隊走向的總教練建議，應該明確地設定球隊的目標。在這個過程中，那一年球隊的目標被確立為提升成績，而三個團體也都做好了為了提升球隊成績，願意犧牲新人培養與個人成績的覺悟。就這樣，當三個團體的目標一致後，那一年球隊的成績確實提升了，甚至還帶來了新人實力進步的附加效果。

關於共同目標和個人目標究竟何者更為重要，這個問題一直存在爭議。共同的目標和利益固然重要，但是就像貞慧的案例一樣，如果只強調這一點，會讓人感覺自己的目標總是被冷落。

這種現象在團體運動中經常出現。為了解決這個問題，我還曾經帶著球隊和選手，執行樹立共同目標（goal setting）和分享結果（share）等步驟。

斯文—約蘭．艾瑞克森（Sven-Göran Eriksson）在擔任英國國家足球代表隊總教練時，非常重視共同目標。他將球隊的共同目標，分成由防守端和進攻端各自負責的方向，再將防守端的目標分成中後衛、邊後衛及後衛的個人目標。透過這種方式設定選手個人的目標後，提前向選手告知哪些目標優先，並以保障遵守目標的選手優先參加比賽的方式來帶領球隊。

此處值得注意的是，總教練讓共同目標與個人目標保持一致，以此帶動選手們的主動參與。前面介紹的美髮沙龍老闆案例，在這方面的做法則差強人意。如果可以事先分析客人較少與較多的季節，並且在制定對策時主動引導員工提出意見，事情會變得怎麼樣呢？如果是像貞慧一樣有能力且誠實的員工，一定會積極參與。

假設普通上班族每天早上都需要為了新的專案開會，為此，必須改變數十年的習慣，現在每天早上都要提早十分鐘起床。聽起來很簡單，不過將分秒必爭的早晨準備時間提前十分鐘，其實並不是一件易事。但是，如果上司並未針對這項措施向員工提出具有邏輯的說明，也沒有徵求下屬的同意，便直接提出「每天提早一點來上班」的提議，固然令人難以接受。

2 優良領袖的鑑別法

別被「冒牌周潤發」牽著鼻子走

隨著位置的變化，尤其是地位的提升，有些人站在最高的位置時，表現出了令人感到驚慌失措的變化。我認識的教練中也有這樣的人。選手和我這樣稱呼他——「英雄本色」。在擔任教練時，他就像為選手著想的慈祥大哥，但在他成為總教練後，選手們親眼看到他一夜之間改變了樣貌，時常因為不知道該怎麼面對這名總教練而感到為難。之所以用「英雄本色」稱呼他，正是來自「原形畢露」的意義。這樣的人或許是在坐上那個位置之前，徹底隱藏了自己的真面目。

這個現象不只會發生在體育界。就算是上班族，看到和自己在公司經歷了各種危機和困難、一起度過艱難時期的上司，在晉升成部長或董事後就突然變了一個人，無論是誰應該都會感到難受。

就像「比起會打人的婆婆，在一旁勸阻的小姑更令人討厭」這句話一樣，還有比冒牌周潤發更討厭的人——那就是在冒牌周潤發麾下與他關係很好的後輩，並在這次冒牌周潤發成為總教練後，也一起升為主教練的人。身為主教練，應該在總教練和選手之間扮演仲裁的角色。然而，他不僅沒有做到，反而自己主動出手督促、折磨選手。不要說如實傳達雙方說的話給對方了，他甚至挑撥離間，讓狀況更加惡劣。

他們身上有一個共同點，那就是誇張的自戀。從教練晉升成主教練、從部長晉升成董事，他們需要時間來調整自己以適應新的角色。升遷這件事，本質上意味著一個人心中對自己位置的認知上升了一個階層。於是，他們會覺得自己的價值像氣球一樣膨脹了起來。由於這些人早就夢想著能坐上那個位置，因此一旦升任，他們立刻就想享受那個被誇大的地位所帶來的權勢與榮耀。

此時，如果適當維持對自己的愛，就可以成為明智的總教練或主管，但如果做不到，就會成為眼裡只有自己的自私領導者。此外，領導者心中還有擔心會不會輕易失去這個好位置的不安，在別人眼中只會是一個對任何事都莫名敏感的領袖，結果就是被身邊的人認為：「那個人在攀上高位後，完全變了一個人。」

客觀地評價自己

仔細研究「地位造就一個人」這句話，就能夠讀出「坐上那個位子後，應該成為何種人」的概念。如果從很久以前開始，自己夢寐以求的位置和地位，是根據身邊的人給予的適當回饋或正確判斷而形成，那麼就算位置改變，與他人之間的關係也不會發生任何問題。然而，如果是以獨斷的想法達成的地位，就會做出不正確的行為。這樣的領導者就不可能與他人保持良好的關係。

在這種人手下可以好好運動或工作嗎？一定會不由自主地產生「我想辭職」、「我應該要離職」的想法。問題是，光憑這種想法，工作效率就會下降，對組織的負面想法也會增加。這種時候需要的是對自己的客觀評價。

某些人沉浸於對自己的愛，而時常逼迫選手或下屬，若是在這些人底下工作，就會懷疑自己是不是因為懶惰或沒有實力，才會受到這樣的指責。每當遭受指責時，雖然討厭那位總教練或上司，卻也會漸漸開始埋怨自己。此時，我們會開始自責：「如果我在運動上的表現稍微好一點，應該就不會聽到那樣的話了吧？」、「如果我在工作上可以更有效率一點，就不用聽到那種話了。」我們應該先停止這麼做。停止毫無理由的自我貶低，是進行客觀判斷的首要工作。

那麼，該如何分辨是冒牌周潤發錯了，還是自己做錯了呢？首先，觀察一下該領導者的言行是否一致。此處的一貫性，是他人能否預測該領導者的行動。自己開心的時候寬厚大度，不開心的時候薄情寡義；陷入困境時會接受他人意見，有了力量就無視別人的建議，讓身邊的人無法預測他的行為。沒有人會和不知何時會做出突發行動的人交換意見，也難以相信他們。言行要具有一貫性，才能為選手或下屬帶來安全感，甚至贏得大家的尊敬和信任。

真正的領袖會如何行動？

除了先前提到的連貫性外，接下來要介紹幾個鑑別優良領導者的方法。好的領導者懂得什麼時候要強烈發表自己的意見、什麼時候應該在一旁靜靜觀察。

例如，假設教練和選手為了擊球或投球姿勢，正互相展開心理戰。對於觀察選手好幾年的教練來說，選手雖然現在表現得很好，但是實力還沒有發揮到一半，所以為了日後的發展，選手一定要改變姿勢。

而站在選手的立場，目前自己在職業聯盟中獲得了一定認可，姿勢也不差。更何況，在高中時期和新人時期，他曾經有過為了改變姿勢而努力，最後的結果卻差強人意的經驗，所以他認為如果在這個年紀改變姿勢，反而會遇到危險的情況。因此，他很難接受教練要求他改變姿勢的意見。

那麼，應該傾聽選手的意見，依照選手的要求放任不管嗎？在這種時候，領導能力優秀的教練會怎麼做？在進行指導時，要向選手明確轉達客觀事實。如果是客觀事實，選手就會確信教練為了自己的發展想了很多。只有這樣，選手才能做好接受的準備，而只有做好這樣的準備，說服才會有效。

優秀的領導者會如何行動？如果遇到下列幾種領導者，請毫不猶豫地聽取他的意見。

第一，使用不讓人覺得無禮的權力。就算是年輕的新人選手，只要被人糾正自己的姿勢或技術，他們就會認為對方是在冒犯自己努力守護的最後堡壘。換句話說，會讓他們感覺像是在攻擊自己。即使帶著再好的意圖，從接受者的立場來看，如果方法不正確，只會引發雙方衝突和引發不信任。在這種狀況下，就算對方是為了自己好，說什麼也聽不進去。因此，不可能期待會有好的結果。

所以，好的領導者對選手的要求越大，態度反而會越柔和，並懂得緩慢地接近。自己這麼固執，對方理應要生氣，但如果對方始終不發火，甚至提出一貫的意見，我們就會考慮先接受對方的意見。若在被要求改變某些行為的同時，能感受到對方始終保持著謹慎與穩重，那代表真的遇到了一位好領導者。

偶爾也有在柔和的態度和說話方式上，增添一些幽默的領導者。但是，這份幽默萬一不符合當下的氣氛，或是已經過時，只會降低自己的威信。必須注意不要輕易使用幽默或玩笑。當選手和下屬都很真摯的時候，教練和上司務必也要認真對待。

第二，指示進行不讓人覺得屈辱的訓練（工作）。有些教練會指示毫無意義的反覆訓練。例如，某位教練為了鍛鍊選手的下半身，會不管三七二十一、命令他們跑步。這代表這位教練沒有聽取訓練部門的計畫或任何建議，只是毫無想法地將自己在二十年前接受的訓練，強加給後輩。接受沒有正確目的與計畫的訓練，會讓選手感覺自己像是在被拷問。

不過，同樣是一味讓選手練跑，如果以訓練部門考慮過選手身體狀況的建議為基礎，就能夠適當安排計畫並轉達給選手，即便是再艱辛的訓練，選手儘管感到痛苦，也不會覺得屈辱。

假如在訓練時已經喘到快要暈倒，你還是抱著一定要實現這個目標的想法，克服眼前的痛苦，就可以視為自己正在接受系統性且有計畫的訓練指示。

第三，配合選手的程度進行指導。在現在這個社會，很少遇到為了指出選手的不足之處而使用暴力，或是破口大罵的情況。只是，有些教練明知道選手在身體上的痛苦，卻裝作不知道，甚至故意讓選手做不易完成的動作，讓選手更加痛苦。

身為一名優秀的教練，在進行指導時，應該使用符合選手程度的言語解釋，並請求理解。比起感情用事地說：「你真的不會踢球！」更有效的方法是具體且溫柔地指出：「我觀察了一下，你不是用腳背踢球，而是只用腳尖在踢。」如果教練經常指出問題，選手卻總是聽不懂，反覆出現相同的失誤，此時就必須思考一下，問題不是出在聽不懂的選手身上，而是教練沒有配合對方的程度說話。因此，教練必須使用更簡潔有力的話語，重新解釋一次。

總教練和教練在指導時，如果選手聽不懂非常簡單的內容，很容易覺得鬱悶。有時候還會感到失望，甚至懷疑選手連這種基本的常識都不知道，運動生涯究竟是怎麼維持到現在的。反之，選手則是在想到總教練「經歷了幾十年的選手生活，再加上幾年教練生活，為什麼還那麼不懂選手的心」時，最容易覺得鬱悶。

在大部分的情況下，選手已經掌握了可以解決問題的答案。就算教練再怎麼清楚，也不會比選手自己更關心。或許教練錯過的地方，選手早已注意到，並且正在努力改進。然而，過程並不順利。如果不考慮這樣的立場，總是展現一副好像發現了什麼重大問題的態度，只會傷害選手的自尊，導致他們難以接受任何忠告。

第四，擁有不死板的一貫性。雖然在先前的內容也提到過，不過為了強調，特別再整理一次。沒有一定的標準、出爾反爾的教練絕對是危險的。教練要求選手改變投籃姿勢，所以選手改變了已經長期維持至今的姿勢。若後來，教練又認為另一種姿勢更好而再次要求選手改變，如此一來，會讓選手陷入混亂並感到疲憊。教練身為領導者的威信自然也會跌入谷底。

優秀的領導者都有自己的哲學。這樣的哲學讓選手在面對總教練或教練時，發展出一定的應對方式。如果一味的努力是總教練的哲學，那麼選手就會先表現出努力的樣子。然而，如果不知道總教練的哲學是什麼，選手根本不會知道該怎麼做。

沒有哲學的教練會根據當下的心情指責選手，而站在選手的立場，會覺得自己總是在挨罵。在這種情況下，不僅會中斷雙方之間的溝通，選手的熱情也必然會下降。如果選手每天都被總教練或教練責罵，就必須擴大範圍，思考他們的哲學究竟是什麼。

這麼做了之後，如果還是不知道，就直接開口問吧！無論是什麼樣的答案，如果總教練或教練回答了問題，我們應該姑且相信對方是一位擁有個人哲學的教練。但是，如果對方回答：「幹麼問這種問題？叫你做什麼，照做就對了！」我們就可以認為這名教練是一位沒有個人哲學的指導者，這種指導者的話最好不要聽。

3 領導者的有效溝通法

注意對方需要什麼

「溝通」在字典上的意思是傳達情報或訊息。想和某個人進行真正的溝通，就必須特別注意那個人。就算是對方的長輩，如果毫無想法地盲目接近，也會引起對方反感。如果是領導組織的人，就應該特別注意成員，了解他們什麼時候需要自己，或是希望聽到什麼話。這才是真正的「關心」。

有一位獨斷且可怕的棒球教練，被人稱為「老頑固」。那名教練比其他教練更嚴格地訓練選手，在指揮作戰時，他以沒血沒淚的作風聞名。選手有時會覺得疲憊和委屈，但是，對於教練本人，大家都給予很好的評價。

「即便如此，他也在不知不覺中，對選手相當照顧。」

「現在回想起來，最終好像都是為了我好。」

當然，那位教練以人性化且優秀的人品感動了選手的心，不過我認為，他是一位觀察力和對他人的關心與眾不同的領袖。他憑藉多年的經驗和天生的直覺，洞察並分析選手需要什麼，以及應該在什麼時候給予他們多少獎勵等。

要想培養「良好的關心」，需要具體的努力。其中一種方法，就是整理出誰對什麼事物感興趣的目錄。接觸各式各樣的人或狀況後，其實很容易忘記，也會錯過很多事。此時，目錄就會發揮重要的功能。

這份清單的核心在於「現實性」，而現實性的基礎是「此時此地，對方真正需要的是什麼」。

身為一名教練，應該站在選手的立場上，關心他需要的東西。以教練而言，不妨與自己在選手時期關心的事進行比較。和選手對話的時候，站在選手的立場上說話也很重要。藉由這個過程，教練和選手之間就會變得更親近。

說服對方，不能靠強迫或洗腦

但是，如果教練和選手成為朋友關係，會很令人困擾。像朋友一樣的教練真的能夠給予選手正確的指示嗎？教練不是選手的朋友，可以親近，卻又不能過分親近。也就是說，雙方相處時需要公私分明。

教練究竟該扮演什麼樣的角色？他是以客觀的角度，為選手提供回饋意見並幫助選手的人。偶爾也會提出非常強力的提案，而這樣的行為通常被稱為「說服」。說服是讓對方理解並接受自己意願的工作，這並不是強迫或洗腦。就算以教練的身分進行勸說，如果選手還是不願意接受，就應該認為教練的責任到此為止。

坐上教練或總教練的位子，進而擁有權威和權力後，只需要在比賽場內扮演教練的角色即可。不過，也可能發生在賽場外也想扮演教練角色的情況。有些人甚至還會扮演家裡的哥哥、叔叔，甚至父親的角色。這種態度不太可取，因為它會破壞一段關係的本質。身為教練，應該經常思考對選手的行為，是否過分脫離了自己原應扮演的角色。

擔任管理階層的上班族中，也有很多人擁有類似的苦惱。從組織的特性來看，如果是具有權威性的領導者，就應該特別注意「像前輩，也像朋友」的關係。因為這會打破公與私的界限，讓關係的本質變得混亂。

一般人也有在社會生活中，對身邊的人發揮指導作用的時候。假設某天有個朋友來向我求助，我盡了最大的努力，誠實地給予他忠告。不知道是不是多虧了這樣，那位朋友遇到的困難在一定程度上得到了解決。然而，當事情開始順利進展時，朋友卻一直不聽我的勸告，想要再次把事情搞砸。我感到很遺憾，因為我可以預期他的事接下來會如何發展，但他現在卻覺得我在對他嘮叨，選擇無視我的忠告。在這種情況下，你會怎麼做？

這種時候，最好等到朋友再次需要我。只要在他需要我的幫助時，再給予協助就可以了。如果因為覺得可以幫助對方而過分干涉或提出勸告，那就不是幫助，而是強迫對方接受自己的方式。

先傾聽，然後依序說出重點

溝通的另一個重點，就是順序和核心。無論說得再好、再多，如果對方聽不懂，就不能算是順暢的溝通。兩名韓國人用韓語溝通時，若有其中一方聽不懂，問題大概就出在說話的人沒有一定的順序和核心。

我認識一位教練，在對話時只會抓出一、兩個核心事項來講。熟悉他這種對話方式的選手，會只接受教練說的核心並付諸行動。

某天，教練命令選手去跑操場、搬球、整理宿舍、召開球隊作戰會議、分析影像。其中最重要的任務是球隊作戰會議，而選手們聽從教練的指示去搬運了球，並跑了操場。

到了下午，教練詢問選手有沒有開作戰會議。選手則回答道：「沒有，我們去跑操場了。」站在教練的立場，選手們沒有做自己指定的重要工作，所以這算是溝通不順暢。他說的話雖然有核心內容，但是之所以會造成這樣的結果，正是因為沒有遵守順序。

有很多人誤解了溝通這檔事。若是只有其中一方一直聽對方說話，那不叫做溝通。對話時，雖然會一邊說「是」，一邊對對方說的話做出反應，不過還是可能會有不同的意見。假設某位教練對選手說：「你的力氣很弱，所以要多進行體能訓練來培養力氣。為了培養力氣，必須好好攝取營養。」

然而，選手的想法卻不一樣。表面上點著頭，好像把教練說的話聽進去，其實內心卻這麼想：「我的優點是速度快，可是一旦身體的肌肉增加，導致體重變重，就無法跑得快了。比起多吃，保持輕盈的體重更重要。而且，我認為比起增加力氣，更應該提高速度。」

兩人在對話時，看似沒有任何問題，實際上卻是單向輸出，各自的想法沒有任何變化。因此，即便花時間認真對話，結果還是和以前一樣。為了打動這名選手，這位教練必須說：「你的速度已經夠快了，現在應該增加體重與力氣。」如果選手和教練之間的信任足夠，這位選手就會誠實地說出自己的想法。

可以將這種單向指示，轉變成雙向溝通的技巧正是「傾聽」。教練需要展現態度，也就是傾聽並等待選手充分講述自己的意見。儘管明天就要比賽了、即使這次系列賽的勝利對球隊來說真的很重要，但越是心急，越有可能發生單向輸出而度過一段毫無意義的時間。

為了建立團隊默契，雙方要具備互相傾聽的態度。不過，總教練和教練要更多多聆聽選手的話。必須讓選手有「自己說的話」經常被聽見的感覺，只有這樣，領導者才能更順利傳達意見。

區分訓斥和回饋的時間

選手多半喜歡鄰家大叔風格的教練，在這之中，也有對溝通完全不負責任的人。乍看之下似乎把選手說的話全都聽進耳裡，實際上缺少在積極溝通中必要的回饋過程。如果在對話中缺少回饋的過程，就會只記得枝微末節的小事，而非核心內容。如果選手明明已經和教練對話過了，卻仍舊不知道自己應該要做出什麼改變，也不知道自己擅長或不擅長什麼，就只能當作又進行了一次單向輸出。

回饋的重點，在於營造可以打開天窗說亮話的環境。如果在高壓的氣氛下轉達回饋，無論內容再怎麼真實、合理，對方都很難接受，並且在心中冒出「這不是回饋，而是對我的指責」、「為什麼總是專挑我的缺點呢？」的想法，讓情緒掩蓋了客觀的真相，導致回饋意見成為無用之物。

反之，如果獲得正向的回饋，選手或下屬一定會覺得很高興。大多數的聽者都會依賴並憧憬那些能夠理解自己話語、給予恰當評論的人。如果能做出正確的回饋，對方就會產生像「啊，能對我說這些話，代表他對我有關心」、「對，我應該做得更好才行」這樣的想法，並對給予回饋的人產生感激之情。

所以我總是叮嚀總教練或教練，在給予選手忠告或評語時，要另外抽出時間交談，也要積極提供對選手發展有幫助的回饋意見。雖然訓斥選手也是一種回饋，但其中充滿了負面情緒。因此，很難藉由訓斥提高選手的技能。

對此，美國心理學家伯爾赫斯・弗雷德里克・史金納（Burrhus Frederic Skinner）曾發表過重要的理論[15]。他說，人類的一切行為都是學習的結果，而透過實驗操作可以激發學習行為。史金納將人類的行為分成兩者：源於刺激的反應行為，以及與刺激無關、偶然操作環境的操作行為。他利用這種操作行為做實驗，其中將正面回饋和稱讚視為增強物。

所謂的增強物可以維持某種行動、甚至增加行動強度。無論是動物還是人類，如果自己的行為得到補償，就會反覆進行該行為，這就是「正面強化」。為了逃避處罰或痛苦而做出正確的行為，這種行動的增加就是「負面強化」。表揚、鼓勵、獎勵等增強物，可以增加良好行為的頻率，幫助我們不斷取得更好的成績。「稱讚可以讓鯨魚跳舞」（按：源自well done〔做得好〕的諧音「whale done」，在韓文中表達「沒人討厭被稱讚，鯨魚也不例外」）的命題，在行動心理學領域中算是被證實了。

只是，在稱讚選手的時候，要先客觀觀察，然後再指出需要改善的部分。例如，在觀察選手一段時間後，可以說：「你現在就算閉著眼睛也可以投進三分球了，那為什麼罰球依然不穩呢？如果稍微改一下投籃的姿勢，應該會好很多吧？」以這種方式稱讚的同時，也提出需要改善之處。這樣一來，選手會覺得：「啊，原來教練一直在觀察我。」因此得到力量與動機。最後，選手會認為：「不是因為我的實力下降，而是投籃姿勢有問題。那我就針對這點加強練習吧！」藉此鞏固改善的意志。

不要闡述情感，要說出具體方法

這是在一場籃球比賽決賽時發生的事。終場前十秒，因為自己執導的球隊以七十四比七十六落後對手兩分，總教練向裁判請求暫停。接著，總教練用悲壯的表情，對選手下達指令。

「現在我們可以使用的武器只有兩種。一是做好防守，二是更積極進攻。好了，現在上場，按照我說的去做吧！那樣的話，我們一定會贏！」

在與選手進行諮商的過程中，經常會遇到類似的事。有些教練會建議站在投手丘上瑟瑟發抖的投手不要發抖；有些教練則告訴要踢十二碼罰球的選手，一定要把球踢進去。誰想要站在投手丘上發抖？誰不想要把十二碼罰球踢進球門？這種不負責任的忠告中，缺少了「該怎麼做」的重點。

「不要發抖」、「一定要成功」之類的話背後的涵義，是總教練希望對方可以幫自己消除焦慮的情緒。在最危急的時刻，對自己的表現感到極度不安的人是選手，因此為了減輕選手的不安，其實應該告訴選手「該怎麼做」。

選手喜歡的教練，是會明確傳達該怎麼做的人。但是，如果過分頻繁告訴選手該怎麼做，就會變成干涉；若是漠不關心，就會像前面提過的案例一樣，發生荒謬的情況。因此，身為指導者，應該根據選手和情況，制定適當的戰略並做出明確的指示。

當然，因為教練不是神，不可能制定完全符合情況的戰略。其實無論是總教練還是教練，都經常遇到感到不知所措的情況。這種時候，需要讓選手思考自己在這種狀況下，可以做出的最佳抉擇是什麼。為了做出這樣的抉擇，總教練或教練應該提供選手穩定的思考時間。因為正在比賽的是選手，總教練和教練則是在場邊觀察比賽狀況。

過分的要求會導致不安

為了進行有效的溝通，需要下列幾種對話技巧。

第一，核心內容必須簡潔有力。有些教練在攸關勝負的緊急時刻，也會像無頭蒼蠅般對選手下達各種指令，並自認選手都聽懂了自己的指示。然而，如果要求太多，選手就會一頭霧水，不知道該把焦點放在哪一項指示上。當然，這樣的作戰註定會失敗。尤其，在比賽中，選手為了展開各種作戰，經常到處移動，所以要傳達比平時更簡潔的訊息。只有這樣，選手才能專注於核心，讓作戰取得成功。

第二，捨棄抽象模糊的詞語，使用具體、現實的詞彙。教練最常對選手說的抽象建議，就是「集中精力比賽」。應該如何集中？又該集中於什麼？比起這種模稜兩可的話，選手們更需要像是「緊跟著十二號選手」或是「阻止在中場的選手重疊」等包含具體行動方針的指示。

「猜題神準的家教老師」不是任何人都能當的，只有透過多年的經驗與考試分析，深刻理解自己教授的科目，並洞察該科目的時代潮流才能實現。正因如此，應該果斷捨棄那些不合潮流，而且在實際考試中出現頻率偏低的部分。

第三，沉默也是一種對話。用沉默代替嘮叨也不失為一種好方法。前一天被總教練或教練指責的選手，第二天會觀察他們的表情和心情。雖然心中想要遵守與教練之間的約定，卻因為長久以來的習慣，無法輕易付諸行動。此時，若教練先對選手發脾氣，並加以訓斥，選手就會優先選擇反抗。這時，如果教練可以有效利用沉默，選手自然而然會察言觀色，回頭檢視自己的行動。用語言表達，並非萬能。

無論組織或下屬，人見人愛的領袖

我在職業運動團隊裡和多位指導者相處了三十多年。這項經歷讓我感受到的一點是，有團隊喜歡的教練，也有選手喜歡的教練。當然，也有團隊和選手都喜歡的教練。球隊喜歡的教練，通常是那種看起來快要有好成績，卻始終沒能取得好成績的人；選手喜歡的則是，在看起來可能會有好成績的球隊中，真的帶出好成績的人；而能同時獲得球隊與選手喜愛的教練，則是在外界不看好的情況下，反而締造佳績的那種人。歸根究柢，唯有那些能同時理解體系與人心的教練，才能讓球隊與選手都感到滿意。

這些總教練的特徵，可以綜合之前我們談論的一些共同內容，做出如下的整理。

第一，就算是同一句話，也要用更正面的方式來表達。相同的一句話，比起負面的表達方式，正面的說法聽起來比較順耳，傳達效果也會更好。針對缺點的指責或負面的逆耳忠言，在短時間內會有效果，但因為很快就會忘記，所以要反覆提起。如果一直重複相同的話，不光是聽的人，連說話的人也會覺得厭煩。不管是意義多麼深遠的話語，以負面的方式表達出來，都難以有效傳達。

第二，說話時，要假設接受指導的人什麼都不知道。如果事先假設「因為是進入職業球隊的選手，所以這種事情當然會知道」、「大家都已經有些年紀了，這些事情即使不特意說出來也會知道」，因此省略了應該提供的資訊，這樣的指導者十之八九會讓人失望，而失望的心情會直接轉化成情感的表達。在與選手或下屬交談時，最好配合對方的程度，並且假設他們什麼都不知道，完整傳達所有的資訊。

第三，避免一次提供過多資訊。有些剛接手成績不佳球隊的總教練，或是過於熱血的教練，會一下子給予選手大量資訊，讓人難以吸收。但這正是「過猶不及」的典型例子。選手在接收資訊方面是有極限的，只有在選手可以承受的範圍內具體傳達內容，教練的指導才能真正幫助選手提升實力。

第四，帶著妥當的目的，做出一貫的指示。如果教練在一週前指示的內容，與今日指示的內容不同，甚至根據當天的心情改變標準，選手就會漸漸不信任教練。在教育選手時，必須具體說明為什麼要學習這個東西。對於今天為什麼要進行這項訓練，必須有合理的理由，選手的身體才能夠熟悉這項技巧。

第五，教練團使用的語言與訓練方法的目標要一致。助理教練也要使用與主教練相同的語言，並且擁有共同的訓練目標。曾有人戲稱某支職業棒球隊裡，有三名打擊教練：總教練要求打者把球棒垂直舉高，首席教練卻要求將球棒舉高並呈四十五度角，而打擊教練則要求將球棒尖端朝地。這導致一名選手在總教練、首席教練和打擊教練面前，分別做出三種不同的打擊姿勢。如果三位教練都很熱情地對待選手，也有可能發生這種情況。然而，真正接受指導的選手難免會感到混淆。

第六，充分利用回饋意見。除了教練給予選手的回饋，選手給教練的意見也很重要。回饋的核心是建構環境，此外，給回饋時最好先找到那個人的優點，並採取正面的態度。因為正面的回饋會為當事人帶來鼓勵和動力。有時候也會需要負面的回饋，但是這種情況必須小心進行。因為這有可能和給予回饋的人原本想要達成的目的不同，反而引起當事人的反感或欲望降低。表面上看起來好像接受了，但是內心卻不同意負面的內容。因此，給意見時要從幫助對方的心態開始。

第七，一定要給接受指導的人機會。就算身體和精神都做好了充分的準備，如果無法參與實戰，一切的準備都白費了。如果使出渾身解數練習，卻無法在實戰中運用，只能坐在候補席上，選手便會感到非常失望。在不影響球隊的前提下，最好給所有選手公平的出場機會。對選手來說，擁有在比賽時上場親自感受的機會，比任何心理治療更有效。

結語

不安，有時是進化的預告

韓德賢

為了不感到焦慮，很多人會不斷著手準備著什麼。但是，這種行為是一種強迫。被強迫症折磨的人不可能覺得幸福，因為他們為了達到自己所定義的「完美狀態」，連讓小確幸可以呼吸的縫隙都不留。

世上有這種被強迫症困住的人，但也有在與他們相同的環境和條件下，選擇尋找幸福的人。他們並非特別優秀，也不具備格外優越的條件。

在那決定花了數個月準備的專案成敗、令人緊張得血壓飆升的簡報當天，卻突然擔心起小學一年級女兒跳繩測驗的等級——那是一種幸福；當一天看了幾十位病人的精神科醫師，熬夜後仍特地前往外地比賽場地探視選手時，內心浮現「這裡就是我得以歇息之處」的感受——那是一種幸福；即使整天被上司折磨得頭快爆炸，仍為了喝杯啤酒而走進下班路上的居酒屋——那也是一種幸福。

像這樣珍惜生活中的小確幸的人，之所以會比執著於巨大欲望的人來得更幸福，其原因非常明確：他們渴望的是能實現的幸福，並以那些實現過的幸福為本錢，持續挑戰更大的幸福。

例如，不是抱著「明年一定要在聯賽成為MVP選手」、「一定要成為身價最高的選手」的想法，而是以「為了提高打擊實力，首先必須矯正姿勢」、「接受可以在關鍵時刻緩解緊張的放鬆訓練」為目標，專心進行既符合現實，又可以讓自己逐漸進步的努力，就能消除不安並接近幸福。這也是在將自己的認同從「為了不感到焦慮而努力的強迫症患者」，轉變成「為了幸福而準備未來的主體」。

藉由這本書，我想表達、同時也希望讀者可以記住的只有一件事：不要忘記「我是誰？」這個問題。

人們認為焦慮會讓我們失去自我，不過我諮商過的人大多與這種認知相反。換句話說，我們更常因為不知道自己是什麼樣的人而感到不安。

不安是人類普遍的心理狀態。引發不安的對象或時間沒有特定限制。有時是以焦慮的行徑、考試時不安、恐慌障礙等負面形象出現，但有時也可以從對未來的預測和因應、推測結果、現在發展的走向等正面觀點進行解釋。只要欲望無法獲得解決，人類就無法擺脫不安和空虛。若人類的命運即是無法擺脫不安，我們就只能相信自己，選擇最好的生活。因此，如果能夠抓住自我認同這一根繩索，就可以稍微減少身體和精神上的消耗。

「只要努力，沒有什麼做不到。」

當我就讀醫學院時，只要聽到這句話，有時會覺得很生氣。因為我就是無論怎麼嘗試都行不通的努力派。我覺得很累。我曾經到處尋找可以告訴我怎樣才能成功、成功之道究竟是什麼的人。

當時的我認為，如果付出十分的努力，就會有十分的好成績；如果投資五十分，就會收穫五十分，這是理所當然的。然而，現實並非如此，我也對世界充滿了不滿。但是，現在回想起來，「努力了十分」只是我的主觀標準。這種努力方向也很模糊。

看到雖然在運動場上訓練到手腳都磨破皮，卻一輩子停留在二軍的選手，以及陷入絕望而來到診間的年輕人，我彷彿看到了自己以前的樣子。

在寫這本書的時候，我回顧自己的過去，又直面了與自己相關的一個真相：「天生就是個做了也不會成功的人，難道就是我的命運嗎？」埋怨著自己的二十幾歲人生，正是那段如此支離破碎和痛苦的時期，引導我過上自己想要的人生，是令我非常感恩的時間。我花了數十年才明白這項事實。現在你辛苦度過的這段時間，在未來回想起來，也許是為了進化成更好的人生而經歷的成長痛，因為不安有時也預告著進化。

「比賽結束前，都不算結束。」（It ain't over till it's over.）

這是被譽為美國職棒大聯盟史上最佳捕手的紐約洋基隊傳奇人物——尤吉．貝拉（Yogi Berra）說過的話。人生這場比賽也是如此，直到生命結束的那一刻為止，人生都不算結束。所以，我希望你絕對不會放棄自己的人生。希望這本書可以為世上所有想要親近幸福的人帶來幫助。

注釋

1 Hal Urban, Positive Words, Powerful Results: Simple Ways to Honor, Affirm, and Celebrate Life, New York: Simon&Schuster, 2004

2 Karen Horney, The Neurotic Personality of Our Time, New York·London: W. W. Norton&Company, 1994

3 Watson C. G., Wold J., “Logical reasoning deficits in schizophrenia and brain damage,” Journal of Clinical Psychology 37(3), July 1981, pp.466~471

4 Erik H. Erikson, Joan M. Erikson, The Life Circle Completed, New York·London: W. W. Norton&Company, 1998

5 Brirk J. L., Dennis T. A., Shin L. M., Urry H. L., “Threat facilitates subsequent executive control during anxious mood,” Emotion 11(6), December 2011, pp.1291~1304

6 Marcus Buckingham, Donald O. Clifton, Now, Discover Your Strengths, New York: The Free Press, 2001

7 Erik H. Erikson, Joan M. Erikson, op.cit

8 Barry Schwartz, The Paradox of Choice: Why More Is Less, New York: HaperCollins, 2004

9 Anderson S., Eippert F., Wiens S., Birbaumer N., Lotze M., Wildgruber D., "When seeing outweighs feeling: a role for prefrontal cortex in passive control of negative affect in blindsight," Brain 132 (PT 11), November 2009, pp.3021~3031

10 Wannebo W., Wichstrøm L., "Are high school students living in lodgings at an increased risk for internalizing problems?" Journal of Adolescence 33(3), June 2010, pp.439~447

11 N. Gregory Hamilton , Self and Others: Object Relations Theory in Practice, Lanham·Boulder·New York·Toronto·Oxford: Rowan&Little-field Publishers INC., 2004

12 Erik H. Erikson, Joan M. Erikson, op.cit

13 Heinz Kohut, The Restoration of the Self, Chicago·London: The University of Chicago Press, 2009

14 David P., Celani, Fairbairn's Object Relations Theory in the Clinical Setting, New York: Columbia University Press, 2010

15 William O'Donohue, Kyle E. Ferguson, The Psychology of B. F. Skinner, New York·London: Sage Publication Inc., 2001

國家圖書館出版品預行編目（CIP）資料

奧運金牌選手的「心靈肌肉」鍛鍊法：不安感讓人無所適從，壓力讓你瀕臨崩潰……如何保持卓越？ / 韓德賢，金雅朗著；莊曼淳譯 . -- 初版 . -- 新北市 : 方舟文化 , 遠足文化事業股份有限公司 , 2025.08
256 面；14.8×21 公分 -- (心靈方舟 ; 67)
譯自： 마음 단련 : 불안에 휘둘리지 않고 결국 해내는 사람들의 비밀

ISBN 978-626-7767-02-3（平裝）

1.CST：運動心理　2.CST：焦慮　3.CST：成功法

528.9014　　114008559

心靈方舟 0067

奧運金牌選手的「心靈肌肉」鍛鍊法

不安感讓人無所適從，壓力讓你瀕臨崩潰……如何保持卓越？

作　　者　韓德賢、金雅朗
譯　　者　莊曼淳
選題策劃　林雋昀
主　　編　李芊芊
校對編輯　唐　苓
封面設計　高郁雯
內頁設計　陳相蓉
特約行銷　許文薰
總 編 輯　林淑雯

出 版 者　方舟文化／遠足文化事業股份有限公司
發　　行　遠足文化事業股份有限公司（讀書共和國出版集團）
231 新北市新店區民權路 108-2 號 9 樓
電話：（02）2218-1417　傳真：（02）8667-1851
劃撥帳號：19504465　戶名：遠足文化事業股份有限公司
客服專線 0800-221-029　E-MAIL service@bookrep.com.tw
網　　站　www.bookrep.com.tw
印　　製　中原造像股份有限公司
法律顧問　華洋法律事務所　蘇文生律師
定　　價　420 元
初版一刷　2025 年 8 月

方舟文化官方網站　方舟文化讀者回函